Annie Dillard escreveu de maneira memorável: "a forma de passarmos os dias é, obviamente, a forma de passarmos a vida". Há somente o particular. E a fé cristã nos proporciona um lugar privilegiado para nos situarmos no presente, embasados em uma história específica e conduzidos pelo Espírito escatológico rumo ao futuro planejado por Deus. No entanto, como James Smith mostra, muitas vezes, os entusiastas da fé propriamente dita, que nos deveriam situar da maneira mais clara possível no tempo de Deus, contentam-se com a paródia — cristãos de "tempo nenhum". Este livro me ajudou — verdadeiramente. James Smith me ajudou a pensar sobre o tema do tempo de uma forma nova. Apreciei enormemente a sabedoria destilada, a interação filosófica ampla, o entrelaçamento dos textos das Escrituras, a tradição e a cultura. Este livro é realmente uma dádiva que envolveu minha consciência de como somos chamados para viver a dádiva que é a nossa vida. Minha esperança e minha oração são que o impacto deste livro sobre como vivemos — no tempo da nossa vida — seja exponencialmente maior do que o tempo que levei para lê-lo.

REV. JUSTIN WELBY, Arcebispo de Cantuária

Uma vida é sempre um *tempo* de vida, e essa vida é um tempo de labuta, escreve James K. A. Smith. Mas ele nos mostra que o tempo é mais do que labuta. É uma dádiva à espera de ser resgatada. Uma convicção central deste livro é que "o Senhor dos campos de estrelas" está intimamente sintonizado com nossas belas e assombradas histórias. Ocupar-me com essas meditações lúcidas e cativantes sobre a "percepção e a mordomia espiritual do tempo" foi como ficar escutando uma conversa animada entre Santo Agostinho, Gustavo Gutiérrez, James Baldwin e Marilynne Robinson, enquanto o álbum *Dark side of the moon* [O lado escuro da lua], de Pink Floyd, tocava ao fundo.

FRED BAHNSON, autor de *Soil and sacrament* [Solo e sacramento]

COMO HABITAR O TEMPO

COMO HABITAR O TEMPO

COMPREENDENDO O PASSADO, ENCARANDO O FUTURO,

VIVENDO FIELMENTE AGORA

JAMES K. A. SMITH

Título original: *How to inhabit time: understanding the past,*
facing the future, living faithfully, now
Copyright ©2022, de James K. A. Smith
Edição original de Brazos Press. Todos os direitos reservados.
Copyright da tradução ©2023, de Vida Melhor Editora LTDA.

Todos os direitos desta publicação são reservados por Vida Melhor Editora LTDA.

As citações bíblicas sem indicação *in loco* foram extraídas da Nova Versão Internacional.
As demais citações foram traduzidas diretamente da New Revised Standard Version (NRSV).

Os pontos de vista desta obra são de responsabilidade de seus autores e colaboradores diretos,
não refletindo necessariamente a posição da Thomas Nelson Brasil, da HarperCollins Christian
Publishing ou de sua equipe editorial.

Publisher	*Samuel Coto*
Editor	*André Lodos Tangerino*
Tradutor	*Daniel Kroker*
Produção editorial	*Fabiano Silveira Medeiros*
Preparação	*Gabriel Ortiz*
Revisão	*Guilherme Guimarães e Gabriel Braz*
Diagramação	*Sonia Peticov*
Capa	*Daniel Brito*

Dados Internacionais de Catalogação na Publicação (CIP)
(BENITEZ Catalogação Ass. Editorial, MS, Brasil)

S41c Smith, James K. A.
1.ed.   Como habitar o tempo : compreendendo o passado, encarando o futuro,
        vivendo fielmente agora / James K. A. Smith ; tradução Daniel Kroker. – 1.ed.
        – Rio de Janeiro : Thomas Nelson Brasil, 2023.
          208 p.; 15,5 x 23 cm.

          Título original: How to inhabit time: understanding the past, facing the
        future, living faithfully now.
          ISBN 978-655689-711-0

          1. Bíblia. A. T. Eclesiastes, III – Crítica e interpretação etc. 2. Tempo –
        Aspectos religiosos – Cristianismo. 3. Tempo – Ensino bíblico. I. Nunes,
        Francisco. II. Título.

03-2023/113   ·   CDD: 2 2 3 . 8 0 6

Índice para catálogo sistemático

1. Tempo : Aspectos religiosos : Cristianismo   223.806

Bibliotecária responsável: Aline Graziele Benitez CRB-1/3129

Thomas Nelson Brasil é uma marca licenciada à Vida Melhor Editora LTDA.
Todos os direitos reservados à Vida Melhor Editora LTDA.
Rua da Quitanda, 86, sala 218 — Centro
Rio de Janeiro — RJ — CEP 20091-005
Tel.: (21) 3175-1030
www.thomasnelson.com.br

A SUE JOHNSON,
in memoriam.

Você sempre dispunha de tempo para nós;
nós tivemos muito pouco tempo com você.

Ter esperança em Cristo é, ao mesmo tempo, crer na aventura da história.

GUSTAVO GUTIÉRREZ, *Teologia da libertação*

Estou sentada entre vocês para observar; e, de vez em quando, aparecerei para lhes dizer que horas da noite são.

SOJOURNER TRUTH

Os cristãos não têm o direito de ser ignorantes quanto à história só por assumirem a verdade.

CALVIN SEERVELD, *Rainbows of the fallen world* [Arcos-íris do mundo caído]

O absoluto está disponível a todas as pessoas em todas as épocas. Nunca houve uma era mais sagrada do que a nossa e nunca houve uma menos sagrada.

ANNIE DILLARD, *For the time being* [Por enquanto]

A maior parte dos problemas deste mundo é causada por memórias, pois nos lembramos apenas de metade delas.

APSLEY CHERRY-GARRARD, *The worst journey in the world* [A pior viagem do mundo]

Tudo que pode salvar você agora é o confronto com sua própria história [...] que não é seu passado, mas seu presente.

JAMES BALDWIN

Não deveríamos desejar viver à frente do tempo somente ao lado dos santos e justos.

AGOSTINHO, *Carta 189*

SUMÁRIO

Agradecimentos	13
Prefácio	15
Introdução: Em que momento nos encontramos? O significado espiritual de contar o tempo	19

PRIMEIRA MEDITAÇÃO

ECLESIASTES 3:9-15 — 39

1. Criaturas do tempo: como encarar nosso esquecimento — 43

2. Uma história do coração humano: como aprender com fantasmas — 68

SEGUNDA MEDITAÇÃO

ECLESIASTES 7:10-14 — 87

3. As dobras sagradas do *kairós*: como (não) ser contemporâneo — 91

4. Abrace o efêmero: como amar o que você perderá — 111

TERCEIRA MEDITAÇÃO

ECLESIASTES 11:7—12:8 — 127

5. As estações do coração: como habitar em nosso agora — 133

6. Sobre não viver à frente do tempo: como cantar Maranata! — 162

Epílogo: História no céu — 187

Notas — 191

AGRADECIMENTOS

Não acho que eu consiga calcular em que medida meu encontro com *Teologia da libertação*, de Gustavo Gutiérrez, em meados da década de 1990, moldou meu pensamento ao longo dos anos. Essa influência tem sido subterrânea, e trabalhar neste livro a trouxe de volta à superfície. De muitas formas, este livro é apenas uma homenagem ampliada ao capítulo 10 de Gutiérrez, "Encontrando Deus na história", e a sua declaração marcante: "O templo de Deus é a história humana".

O primeiro vislumbre da ideia que resultou neste livro germinou por causa de uma palestra que fui convidado a dar na Câmara dos Lordes, em novembro de 2018. Sou grato à organização Christians in Parliament pelo convite e pelo diálogo produtivo.

Dois amigos meus, os reverendos Kenny Benge e Eric Dirksen, leram um esboço deste livro, fizeram comentários úteis e estenderam encorajamento oportuno. Sou grato pela gentileza deles.

Não sei se é possível agradecer a um lugar, mas este livro tem uma enorme dívida para com o acampamento Laity Lodge. Esse lugar é um reduto de tranquilidade para mim; seus rios, despenhadeiros e vistas são um bálsamo para minha alma. Mas meus agradecimentos mais profundos vão para os queridos amigos que nos receberam ali e fizeram com que nos sentíssemos como se estivéssemos em um lar espiritual longe de casa (inclusive ao longo de alguns períodos angustiantes). Isso foi especialmente verdadeiro em um período de residência, no outono de 2021, em que concluí a versão final deste livro. Um dos meus objetivos era que a experiência de leitura deste livro fosse semelhante à sensação experimentada no acampamento Laity Lodge, e espero que parte do espírito do acampamento se tenha infiltrado nesta obra. Nossos agradecimentos sinceros vão para toda a equipe — Gate, Grant, Tim, Ryan e outros —, por nos proporcionar uma hospitalidade tão vivificante. Mas um agradecimento especial vai aos nossos amigos Amy e Steven Purcell, por sua gentileza e afeto. Quando eu crescer, quero ser como Steven Purcell.

Continuo sendo grato à equipe da Editora Brazos, que recebeu calorosamente meu trabalho, proporcionou encorajamento durante todo o processo e colaborou comigo em cada detalhe de transformar ideias rudimentares nos belos livros que eles produzem. Nunca serei suficientemente grato pelo quanto me permitiram fazer parte do processo. Portanto, obrigado, Kara, Paula, Shelly e toda equipe, pela abertura e o apoio, e agradeço a Eric Salo por sua ajuda no aperfeiçoamento da minha escrita. Um agradecimento especial vai a Bob Hosack e Jeremy Wells, por serem meus heróis.

Como antes, agora e para sempre, minha mais profunda gratidão vai para Deanna: parceira, amiga, coperegrina. Você me conheceu quando eu era um menino; o homem que me tornei leva todas as impressões digitais da sua graça e do seu amor. Costumamos passar muito tempo juntos e, ainda assim, nunca é suficiente. Sua ajuda e seu encorajamento nos últimos instantes deste projeto fizeram toda a diferença.

Como geralmente acontece com meus trabalhos, você encontrará no Spotify uma lista de músicas de *How to inhabit time* [título em inglês deste livro], que inclui as canções aqui mencionadas, além de outras que estavam sendo ouvidas enquanto eu o escrevia. Para mim, este livro sempre soará como uma fusão de Phoebe Bridgers, Erik Satie e as meditações magníficas de Sufjan Stevens em seu álbum *Convocations*.

PREFÁCIO

Este livro é um convite à aventura espiritual que chamaremos "tempo". Embora prometa orientação sobre como habitar o tempo, por favor não espere encontrar fórmulas, métodos ou dicas para administrar sua lista de tarefas diárias. Em vez disso, a esperança deste livro é provocar um despertamento, a formação de uma consciência do que significa sermos criaturas que habitam no fluxo da correnteza do tempo, que nadam no rio da história. Saber *em qual momento* nos encontramos pode mudar tudo. Saber se está amanhecendo ou anoitecendo muda a forma que vivemos o momento seguinte.

O propósito deste livro é encorajar um tipo de *reconhecimento* que é fruto da *contemplação*. Saímos do trabalho duro e silencioso da contemplação com um novo reconhecimento de nós mesmos, de nosso mundo e de nossa relação com o Deus que nos encontra na plenitude do tempo. Como o filósofo Charles Taylor bem expressa, reconhecer a própria conexão com o Espírito na história é "transformar-se e mudar o próprio modo de agir".[1] É como viver em meio à cacofonia do mundo moderno e finalmente discernir o compasso do Espírito na história e saber como dançar no ritmo.

Mas o reconhecimento da batida do tambor do Espírito demanda atenção cuidadosa, exige pausarmos para nos sintonizar de uma nova maneira com o mundo. Esse discernimento é fruto de reflexão, ponderação, contemplação. Este livro, poderíamos dizer, é um convite para refletirmos sobre perguntas que talvez nunca tenhamos feito. A aposta é que essa reflexão, como afirma Taylor, nos transforme e, por conseguinte, transforme a maneira de vivermos, ainda que eu não seja capaz de prescrever exatamente de que forma você deve responder ao chamado do Espírito para sua vida.

Você pode sentir essa conexão entre contemplação e ação, reflexão e ação, no poema de Rainer Maria Rilke intitulado *Archaic torso of Apollo* [O torso arcaico de Apolo]. O poeta encontra a beleza truncada de uma estátua antiga que, até mesmo sem o encarar com os olhos, lhe dá a sensação de ser visto. Em um estado de fascinação diante da estátua, que parece viva, o narrador tem uma visão nova de si mesmo. O encontro é um reconhecimento que se rende à dolorosa conclusão do poema: "Você precisa mudar sua vida".[2]

A esperança deste livro é esse autorreconhecimento. Mas esse reconhecimento é mais como uma consciência que alvorece do que um argumento compreensível ou uma fórmula repetível. Uma palavra de encorajamento antes de começar: venha menos para aprender e mais para *habitar*. Este livro é diferente de um pacote de informações entre duas capas. Começaremos a entender nosso lugar e nosso chamado na aventura espiritual da história apenas se acharmos um modo de pausar a absorção frenética em nosso cotidiano e resistirmos à tirania da urgência. Esse é precisamente o motivo de este livro ser uma combinação de filosofia e poesia, autobiografia e teologia.

Reflexão não é tarefa fácil, especialmente em uma cultura inclinada à distração e à superficialidade. Se este livro apresenta alguns filósofos como guias para esse empreendimento, a razão é unicamente o fato de a filosofia ser um convite perene para refletirmos sobre a forma pela qual vivemos — para cultivarmos uma "vida examinada", nas palavras de Sócrates. Espero que este livro ressuscite a antiga arte da filosofia como conselho espiritual. Filosofia só importa se nos ensina a como viver, a como sermos humanos. Os filósofos que você encontrará nas páginas a seguir são catalisadores dessa reflexão. Não se preocupe se não considerar a filosofia algo fácil. A dificuldade é o propósito ("é uma característica, não um defeito", como se diz por aí). Às vezes, precisamos da dificuldade para nos fazer desacelerar e, assim, olhar para dentro de nós.

Desacelerar não é somente o modo de observar aquilo pelo qual geralmente passamos acelerados e não notamos. Por esse motivo é tão

Prefácio

essencial para os exercícios espirituais deste livro uma coletânea de imagens e anedotas, caracterizações do tempo extraídas da natureza, da arte e da história, algumas extraídas de minha própria história, todas elas sendo convites para refletirmos sobre o que está diante do nosso próprio nariz e que, no entanto, tantas vezes é invisível. Imagine este livro como uma espécie de pintura impressionista. O objetivo não é "representar a realidade" transcrevendo-a; o objetivo é transformar a *atenção* que dedicamos à realidade ao redirecionar nosso foco. As descrições, os poemas e as imagens não são desvios ou distrações, tampouco "ilustrações". Não acelere para passar por essas coisas a fim de "ir ao que interessa". Dedicar tempo a habitar com as imagens *é* o que interessa. Dedicarmos tempo ao prazer da leitura e nos deleitarmos na linguagem é uma das maneiras de aprendermos a habitar bem o tempo.

Assim começa nossa aventura de avaliação, discernimento e esperança.

INTRODUÇÃO

Em que momento nos encontramos? O significado espiritual de contar o tempo

> Aquilo que é, já foi, e o que será, já foi anteriormente; Deus investigará o passado (Eclesiastes 3:15).

Quando eu não sabia mais para onde ir; quando a nuvem da depressão havia envolvido a mim e aqueles a quem eu amava; quando tudo o que eu aparentemente fazia era me enfurecer, e meus gritos soavam como tentativas equivocadas de localização sonar, em virtude da neblina; quando os pensamentos sobre dar um fim a tudo se tornaram frequentes demais — então, finalmente, com humildade — se é que não humilhado —, entrei no consultório do psicólogo. Eu nem sequer sabia o que pedir.

Lembro-me de um dos primeiros exercícios: "Desenhe um mapa da casa da sua infância", sugeriu ele. Agora, depois de muitos anos, sou capaz de perceber que esse foi um convite para que eu me orientasse, para que eu soubesse onde me encontrava. Eu entrei perdido, desorientado, e o exercício do mapa foi um convite para que eu, cego, estendesse minhas mãos e tateasse em busca de alguns pontos de referência, assim como tateamos para nos orientar em uma casa imersa no escuro.

O que ele não poderia ter adivinhado era por quantos anos da minha infância eu havia sonhado em ser arquiteto. Apenas pegar um lápis para desenhar trouxe de volta uma intensa onda de memórias musculares.

Minhas aulas de desenho no ensino médio voltaram à minha mão como andar de bicicleta. Lembrei-me instantaneamente de como marcar as portas e janelas, até mesmo como traçar aquelas setas perfeitas que indicam as dimensões. Estou ganhando controle, confiança. Estou pensando: "Já estive aqui antes".

Mas minha alma agora está de volta àquela casa em dois níveis na estrada Snakes Trail [Trilha das cobras], onde nossa família se desfez. Aqui está a garagem enorme onde meu pai construía seus carros turbinados e consertava motos de neve. Descendo as escadas, no porão, com as paredes revestidas de laminados de madeira e com uma janela minúscula, fica o cômodo no qual eu me sentia apavorado por causa do meu pai, quando eu tinha onze anos. Na sala de estar, perto do bar e da aparelhagem de som com suas fitas de oito pistas, está o sofá florido azul no qual nossos pais nos contaram que era o fim e que nós — minha mãe, meu irmão e eu — deixaríamos a casa. No andar de cima, ficam os dois quartos que eram nossos, totalmente desprovidos de qualquer sinal de algum dia termos vivido ali, e que agora estão ocupados pelos filhos da amante dele.

"Todas as casas têm suas lembranças", escreve David Farrier. "Toda casa é um relógio."[1] Apesar de estar desenhando um mapa, estou habitando uma história. Parece cartografia, mas, na verdade, é arqueologia. Se toda casa é um relógio, essa planta é uma linha do tempo. Essa não é uma estrutura "qualquer" em uma estrada de chão no sul de Ontário; essa é a casa em mim. Esse não é um relógio que carrego no meu bolso; é muito mais, algo como uma bomba-relógio que está fazendo tique-taque, tique-taque, tique-taque na minha alma há trinta anos.

Posso desenhar essa casa de olhos fechados. Estou mapeando todo o peitoril da janela, imaginando os armários, localizando os móveis, recordando como a luz pousava na sala de estar em um plano rebaixado. Meu mapa se aventura lá para fora no quintal: esta é a caixa de areia perto do jardim com conexão direta para a ladeira, que era um sonho para nossos tobogãs. Ali está a trilha que passa pelo milharal e desemboca no bosque, onde passávamos incontáveis horas construindo fortes. Ali está o Riacho de Lama, com aquele pedaço curioso de "praia de areia", onde meus amigos e eu conversávamos sobre qual das Panteras [série televisiva] era a mais bonita. Esse é um mapa do campo dos sonhos que era minha infância até não ser mais.

• • •

Em geral, pensamos sobre desorientação como uma questão de nos sentirmos deslocados, uma confusão quanto *ao lugar no qual nos encontramos*. Você conhece aquela cena clássica de filme: alguém acorda após um trauma e pergunta: "Onde estou?". Mas a desorientação também pode ser temporal. Quando "o tempo está fora dos eixos", como Hamlet expressa, ficamos deslocados. Você acorda certa manhã em uma estranha confusão, mal sabendo o que está acontecendo, e são necessárias várias pulsações até lembrar que dia é. Dependendo de quantos batimentos do coração ocorrem, uma ansiedade é gerada por uma espécie de vertigem temporal. Há muitos modos de ficar desorientado no tempo, como, por exemplo, a falha que ocorre em seu sistema temporal ao ter um *déjà vu* ou aquela distorção temporal da sensação de estar voltando para casa de novo. Às vezes, automaticamente fazemos uma pergunta espacial para o que é, em essência, uma desorientação temporal. Ao experimentar aquela névoa temporal de manhã cedo, eu talvez me pergunte: "Onde estou?", mesmo que a pergunta não vocalizada, embora gramaticalmente estranha, devesse ser: "*Quando* estou?".

Agora considere um tipo diferente de desorientação: alguém que nem sequer percebe que está perdido por ter tanta certeza de saber onde está, como o pai estereotipado que, despreocupadamente, continua indo na direção errada, depositando mais confiança em seu senso de direção do que no mapa que sua esposa está segurando. Ou, de forma mais aterrorizante, a imagem do coronel Dike em *Band of brothers*,[2] cuja confiança equivocada em seu senso de orientação leva a uma morte patética. Essa desorientação é gerada, quer por ingenuidade, quer por arrogância, pela ilusão que é imaginar que eles estão acima de tudo e de todos e, sobretudo, acima de ser corrigidos.

Existe uma espécie de deslocamento *temporal* semelhante a essa desorientação não reconhecida. Refiro-me a um tipo não reconhecido porque está escondido e é ocultado pela ilusão de estar acima do combate, imune à história, surfando o tempo, e não imerso nele e golpeado por suas ondas. Essa desorientação temporal é gerada pela ilusão de estar em "tempo nenhum", de não ser condicionado pelo tempo.[3] Aqueles que imaginam habitar "tempo nenhum" se veem como totalmente governados por princípios atemporais, convicções imutáveis, expressando um idealismo que pressupõe que são inteiramente governados por ideias atemporais não maculadas pela história. Eles são incapazes de perceber os depósitos de história em sua própria consciência. Eles nunca consideraram os estratos arqueológicos em sua própria alma. Eles vivem como se tivessem sido chocados e dados à luz, criados *ex nihilo,* e não formados por um processo. Essas pessoas não percebem que as casas que as formaram eram relógios. Elas são incapazes de ouvir o tique-taque do relógio. Onde esse eterno "tempo nenhum" domina, o tempo não importa.

Essa ilusão temporal caracteriza uma parte demasiadamente grande do cristianismo e de muitos cristãos (e de uma quantidade de americanos que não é pequena).

• • •

Quando o cerebelo humano está lesionado ou doente, quer por trauma, quer por doença ou herança genética, uma condição curiosa pode surgir: a *discronometria*, a incapacidade de se situar no tempo. Desprovida de um relógio interno confiável, a pessoa com discronometria fica perdida em uma confusão temporal. Ela perde o senso de passagem do tempo, o tique-taque psicológico que nos guia em um dia. Não há diferença entre um minuto e uma hora; as horas se esvaem rapidamente.

Essa passagem de tempo distorcida pode passar despercebida, mas pode ser perigosa e debilitante. Por exemplo, uma pessoa que sofre de demência e que manifesta discronometria não se lembrará de já ter tomado seus remédios e acabará tomando-os novamente. Ou um pai que sofreu um trauma cerebral pode perder a noção de tempo, "descarrilar" e ficar desorientado, de modo a ter dificuldades constantes para se lembrar de buscar os filhos na escola. Para alguém que sofre de discronometria, sua vida temporal não tem nenhuma consistência. Tudo é igual. Como uma planície lisa no inverno debaixo de céus nublados, o tempo é uma expansão sem ondulação ou sombra. Tudo é igual.

Grande parte do cristianismo contemporâneo sofre de discronometria espiritual — a incapacidade de se situar no tempo, de não saber qual é o tempo atual. Cristãos que são demasiadamente contemporâneos olham para a história e veem apenas uma paisagem estéril e sem consistência. Poderíamos conceber isso como o equivalente temporal do daltonismo — uma incapacidade de perceber as nuanças e a dinâmica da história. Somos incapazes de entender por que o *quando* faz diferença. Não reconhecemos em que medida somos produto de um passado, o que resulta em ingenuidade sobre o nosso presente. Mas também não sabemos como nos situar em relação a um futuro prometido, produzindo obsessões com o "fim dos tempos" em vez de cultivar uma postura de esperança.

Essa surdez em relação ao tom temporal é um aspecto da perspectiva de "tempo nenhum" que caracteriza uma parte consideravelmente grande do cristianismo contemporâneo. Achamos que ideias bíblicas são fórmulas atemporais a serem instituídas em todo e qualquer lugar da mesma forma. Embora nos confiemos corretamente a um Deus que é o mesmo hoje, ontem e sempre, imaginamos, de forma equivocada, que essa é a única abordagem da fidelidade. Somos cegos ao nosso próprio senso de localização geográfica, histórica e temporal. E até mesmo expressões do cristianismo que aparentam estar fixadas no tempo e na história são, de modo irônico, versões de "tempo nenhum" da fé que acreditam estar acima do tempo e da história porque receberam acesso a uma perspectiva divina de tudo .

Quando me tornei cristão, no final da minha adolescência, minha entrada na fé se deu por um grupo religioso que inventou o que agora chamamos de "dispensacionalismo" — uma forma de ler a Bíblia criada no século 19, obcecada por interpretar a história à luz do fim dos tempos. John Nelson Darby, Charles Scofield e outros discerniram épocas ou "dispensações" da história nessa curiosa (e inovadora) leitura da Bíblia que levou todos a aguardar o arrebatamento, preocupados com a possibilidade de serem deixados para trás. Como um ávido estudante da Bíblia, bebi desse conhecimento esotérico exclusivo tanto da história como do futuro. Para mim, tudo isso estava representado em um auxílio visual que dominava o porão daquela capela minúscula em Tavistock, Ontário. Sobre todo estudo bíblico, ficava pairando uma versão gigantesca, do tamanho de uma parede, de um quadro da famosa linha do tempo de Clarence Larkin que traçava toda a extensão da história humana (um total de "sete mil anos" segundo Larkin), ao mesmo tempo que delineava o que estava por vir.

Como uma representação esquemática da história da criação, Larkin delineia a extensão dramática do interlúdio entre duas eternidades. A quase totalidade da história é classificada como uma longa era de degeneração. O que o futuro reserva é a libertação do tempo. O resto é contagem regressiva (quando me converti, estava circulando um panfleto que apresentava "88 razões para 1988").

Por um lado, essa perspectiva *aparenta* ser uma forma de cristianismo fascinada por história. Mas, na verdade, os gráficos com suas linhas do tempo e previsões manifestam um cristianismo que acredita estar *acima* da história. A história é a lamentável rotina da espera, a turbulência da degeneração, a contagem regressiva para o fim. Longos fragmentos da história, incluindo uma longa fase do cristianismo entre a morte dos apóstolos e as percepções graves, em 1928, de John Nelson Darby, são privados do Espírito, eras de desilusão, superstição e engano. Em vez de entender a história, o dispensacionalismo é um cristianismo de "tempo nenhum" que, basicamente, demoniza a história.

Apesar de fingir priorizar a fidelidade, a discronometria do cristianismos de "tempo nenhum" na realidade gera respostas *infiéis* ao presente. Consideremos apenas um exemplo marcante. Na esteira da brutalidade policial sistêmica infligida desproporcionalmente a americanos negros, cresceu um movimento que afirmava corretamente: "Vidas negras importam". A afirmação era necessária por causa de uma história nítida e específica de opressão e exploração, uma história longe de haver desaparecido. Nessa situação, diversos cristãos brancos subitamente se tornaram fornecedores surpreendentes de uma solidariedade humana universal e, contra o protesto supostamente seletivo ou limitado de que "Vidas negras importam", afirmaram que "Todas as vidas importam". Separados da atenção bastante seletiva a esses princípios universais, aqueles que estavam afirmando que "Todas as vidas importam" se viam como articulando uma ideia e um ideal eternos.

Mas a questão não é simplesmente o que é verdade; a questão é o que precisa ser dito e feito *agora*, neste lugar e neste momento, em relação a essa história específica. Afirmar que "Todas as vidas importam" como uma resposta a "Vidas negras importam" não é errado em tese, mas é errado *temporalmente*. Ela falha em reconhecer que a afirmação "Vidas negras importam" é algo que precisa ser dito *aqui e agora* por causa de uma história específica (contingente) que nos levou à nossa presente situação. A afirmação da verdade ideal e atemporal de que "Todas as vidas importam" de maneira prática é falsa nessa situação. Ela é desprovida de sabedoria e não constitui um testemunho fiel aqui, *neste* agora. Nossa história (compartilhada) faz toda a diferença para discernir de que forma ser fiel.[4]

Esse é apenas um exemplo das implicações coletivas — sociais e políticas — de uma espiritualidade apropriadamente *temporal*. Também há implicações para o discipulado pessoal. Por exemplo, cristianismos de "tempo nenhum", que tratam o tempo como plano, não exibem a sutileza e a nuança pastorais para ministrar a pessoas em épocas diferentes da vida. Seja na minha própria vida espiritual, seja, por exemplo, na jornada de um casamento por toda a vida, reconhecer a realidade de *épocas* pode ser algo incrivelmente libertador, não apenas por alterar nossas expectativas, mas também por nos sintonizar para receber a graça de Deus de maneiras distintas em épocas diferentes da vida. A dinâmica espiritual do tempo e da história é, ao mesmo tempo, comunal e individual, pessoal e política. Temos de prestar atenção à *nossa* história da mesma forma que eu presto atenção à minha. Avaliação e esperança estão relacionadas tanto à alma como à sociedade.

• • •

Para confrontar a discronometria espiritual e a ficção dos cristianismos de "tempo nenhum", precisamos de uma consciência temporal renovada, de uma percepção espiritual do tempo que está em sintonia com a textura da história, com as vicissitudes da vida e com o ritmo do Espírito.

Essa percepção espiritual do tempo não tem a ver apenas com contar os tique-taques no relógio ou riscar os dias no calendário. "Contar os nossos dias" (Salmos 90:12) não é só fazer contagem regressiva, riscar a parede enquanto nos movemos rapidamente em direção ao dia em que não poderemos mais contar. O que esse conselho está nos dizendo é que devemos saber *em que momento* estamos, que nos localizemos levando em consideração o tempo e a história. Somos mortais não apenas porque morremos, mas porque somos criaturas cuja própria existência é vivida no tempo. Ser mortal significa ser temporal.

Situar-nos espiritualmente no tempo é fundamentalmente uma questão de despertarmos para nossa localização firme na história e darmos atenção à nossa própria temporalidade — tanto individual como coletivamente. É um exercício de desenhar a planta das casas que nos construíram. É menos uma questão de solucionarmos o mistério do que *seja* o tempo e mais sobre discernirmos de que forma o tempo nos molda, como história e como futuro. "Confesso-te, Senhor, que ainda não sei o que é o tempo", admitiu Agostinho, "e ainda te confesso, Senhor, que, no exato momento em que digo isso, tenho consciência de ser condicionado pelo tempo".[5] É esse *condicionamento* que os cristianismos de tempo nenhum se recusam a reconhecer; é o significado espiritual desse condicionamento que nos interessa aqui.

Como criatura, todo discípulo é um ser temporal, e nossa firme localização no tempo e na história é essencial para discernirmos que forma a fidelidade deve assumir. Somos, tanto individual como coletivamente, produtos de uma história contingente. Nossas identidades estão unidas a caminhos que trilhamos ou deixamos de trilhar. Como árvores cujos anéis contam a história de incêndios e secas de um passado remoto, nosso caráter e nossas capacidades refletem histórias muito anteriores a nós, bem como as histórias de pessoas que se unem à nossa própria história. Uma vida cristã fiel é uma questão de acompanhar o ritmo do Espírito. Mas o que o Espírito nos pede sempre reflete a história — a nossa, mas também a história da igreja e das sociedades em que nos encontramos. "O que fazemos *agora*?", essa é uma das questões fundamentais do discipulado.

Não estamos falando apenas sobre o que fazer espiritualmente com nosso tempo, como se ele fosse mais um patrimônio a ser usado sabiamente. O *Livro das horas*, por exemplo, é um recurso devocional antigo, e o calendário litúrgico é uma disciplina coletiva importante para a igreja. Mas o que você tem em mãos não é um livro sobre orar a liturgia das horas ou, Deus nos livre, espiritualizar a administração do tempo. Este livro tem o propósito de despertá-lo para a relevância de sua temporalidade, de *nossa* temporalidade — despertar para como a história vive em você, como habitamos a história e como a história nos habita, e como o futuro nos conduz e nos molda. Não é tão simples quanto perceber a relevância espiritual do seu calendário; trata-se de discernir a repercussão espiritual de uma história anterior a você, que vive em você e molda o futuro para o qual você é chamado.

Reconhecer o significado espiritual do tempo, da história e do futuro é quase o exato oposto de "administração"; é mais uma exposição voluntária à interrupção, um tornar-se vulnerável ao assombro. Reconhecer o significado espiritual da história é lidar com fantasmas. Não precisamos de *coachs* que nos ajudarão a administrar nosso tempo; precisamos de profetas que nos façam encarar nossas histórias (e futuros). Ninguém sabia da importância espiritual desse reconhecimento ou dessa avaliação histórica melhor que James Baldwin. Em um artigo provocativo escrito para a revista *Ebony,* em 1965, Baldwin disse:

> Homem branco, ouça-me! A história, como praticamente ninguém parece saber, não é algo para ser lido apenas. E ela não se refere somente, nem sequer principalmente, ao passado. Pelo contrário, a grande força da história reside no fato de a carregarmos em nós [...] E é com grande dor e terror que se começa a perceber isso [...] Com grande dor e terror porque [...] a pessoa passa a travar um combate com essa criação histórica, o Eu, e tenta recriar a si mesma de acordo com um princípio mais humano e mais libertador.[6]

O que Baldwin diz de nossa história coletiva é igualmente aplicável às nossas histórias pessoais. Aquele mapa que desenhei no escritório do psicólogo foi o início de um esforço doloroso, o trabalho que eu precisava empreender confrontando meu próprio Eu, o "Eu" produzido por aquele lugar e, de forma mais significativa, pelo meu tempo naquele lugar. Meu "Eu" é uma "criação histórica", como Baldwin expressa, com estratos de sedimento, camadas de formação, marcas chamuscadas do trauma em minha história. Não saberei quem sou até saber *quando* estou. Mas o doloroso esforço desse confronto também é um início, uma libertação, como diz Baldwin, que possibilita um novo futuro.

O milagre da graça, segundo Jesus, é o fato de podermos "nascer de novo" (João 3:3). Parte do que torna isso miraculoso é o fato de o novo nascimento não ser uma página em branco. Nicodemos não entende isso. Ele só é capaz de imaginar nascer de novo recomeçando do zero ("É claro que não pode entrar pela segunda vez no ventre de sua mãe e renascer!", João 3:4). Jesus o está convidando para considerar o inimaginável: que esse "eu", essa criação histórica, pode nascer de novo, começar de novo. E não porque Deus apague a história; isso significaria me apagar, apagar esse "eu", que é uma criação histórica. O milagre que desconcertou Nicodemos, que deve deixar-nos perplexos, é que o Deus da graça pode redimir até mesmo a mim — esta criação histórica —, pode começar de novo com esta história que vive em mim, que *sou* eu. É o corpo com cicatrizes que é ressuscitado; é o eu com uma história que é redimido, perdoado, agraciado, libertado.

Introdução

E *nós* com nossa história temos de empreender o mesmo trabalho de confrontar espiritualmente o "nós" que foi criado pelas contingências, escolhas e injustiças da história, para que um futuro diferente seja possível. Escolha o seu "nós": talvez seja uma congregação, uma vizinhança, uma instituição; talvez sejam os grupos coletivos maiores da igreja, de uma sociedade, de uma nação. A percepção de Baldwin é verdadeira: todos esses grupos coletivos são criações históricas e, para que o futuro seja diferente — para que a graça possa alcançar esses gigantes da história —, o esforço doloroso de confrontar tal história é a única maneira de dar à luz um futuro diferente. Não é uma questão de fascínio arqueológico, como o interesse de um historiador amador em programas sobre a Segunda Guerra Mundial no canal de história; essa é uma questão de vida e morte no presente. Não é uma questão do nosso passado, mas um problema sobre quem nós *somos* e *seremos*. De novo, Baldwin nomeia essa necessidade:

> Tudo que é capaz de salvar você agora é seu confronto com sua própria história [...], que não é seu passado, mas seu presente. Ninguém se importa com o que aconteceu no passado. Ninguém pode se dar ao luxo de se importar com o que aconteceu no passado. Mas sua história o conduziu a este momento, e você será capaz de começar a mudar a si mesmo e salvar a si mesmo somente examinando o que está fazendo em nome da sua história.[7]

Veja bem, não tenho certeza se até mesmo esse confronto com a história significa sermos capazes de "salvar" a nós mesmos, como diz Baldwin. Mas, para sermos salvos, certamente teremos de exercitar nossa salvação com temor e tremor enquanto nos reconciliamos com nossas histórias.

• • •

Esse trabalho de confronto espiritual com nossas histórias é parte essencial — embora apenas uma parte — do tipo de consciência temporal disciplinada que estou chamando de "contagem espiritual do tempo".

A prescrição para nossa discronometria é uma consciência temporal renovada, uma consideração atenta da história, o início de uma consciência do que significa ser uma criatura *do* e *no* fluxo do tempo, com os acréscimos da história e as ondas incessantes que nos empurram em direção às margens do futuro.

Poderíamos imaginar a contagem espiritual do tempo como uma expansão da disciplina espiritual de *memento mori*, o hábito disciplinado de não perder a morte de vista. Os cristãos se apropriaram dessa prática dos estoicos com as inflexões dos salmos e o aroma das cinzas. Assim, São Bento aconselha na sua Regra: "Tem a morte diariamente diante de ti".[8]

O pintor flamengo barroco Philippe de Champaigne (cujo quadro de Santo Agostinho se encontra no Museu de Arte do Condado de Los Angeles) pintou uma invocação famosa no século 17 desse conselho beneditino chamado simplesmente de *Vanité*, com frequência conhecido como "Natureza-morta com uma caveira". A imagem é uma espécie de tríptico: o olhar duro e vazio de uma caveira que está ladeada pela vida radiante de uma tulipa à esquerda, já colhida e, portanto, morrendo, e de uma ampulheta à direita, cujo tempo está passando. Conta teus dias. Não percas a morte de vista.

No espírito de *memento mori*, considere este livro um convite para a disciplina do que poderíamos chamar de *memento tempori*. Lembre-se de que você é temporal. Tenha sua história diariamente diante de si. Lembre-se de que há um futuro depois de a areia da ampulheta cair toda e de que esse futuro já está invadindo seu presente. *Dum spiro spero*: enquanto respiro, espero.

Essa consciência temporal precisa ser cultivada. Assim como uma criança que sobe na árvore no campo e constata o horizonte se ampliando, seu mundo se expandindo, assim uma consciência temporal renovada transforma a percepção que temos de nosso lugar na história de Deus — o que os teólogos alemães, com uma palavra extraordinária que você pode praticar mastigar, gostavam de chamar de *Heilsgeschichte*, "história sagrada", o desdobramento da história como o drama da salvação. Cada capítulo deste livro é um exercício de cultivo da consciência temporal, uma nova perspectiva das maneiras que o Espírito percorre o tempo.

• • •

Temos de nos lembrar de que, no cerne do cristianismo, se encontra não um ensino ou uma mensagem ou até mesmo uma doutrina, mas um *acontecimento*. A autorrevelação de Deus se desenvolve no tempo, e a redenção é realizada por meio de algo que *acontece*.

Essa verdade é algo que os filósofos, mais do que os teólogos, gravaram em minha mente. Talvez tenha sido o filósofo dinamarquês Søren Kierkegaard o primeiro catalisador nesse quesito. Em sua curta obra *Philosophical fragments* [*Migalhas filosóficas*], Kierkegaard explica a razão de o cristianismo conferir um sentido singular ao tempo. Ele contrasta um entendimento cristão do tempo com o que ele chama de modelo socrático, nomeado segundo o mestre de Platão. Sócrates, poderíamos dizer, propôs uma visão a partir de "tempo nenhum", uma concepção idealista do tempo segundo a qual, na realidade, em última instância, o tempo não importa. Para Sócrates, o que *acontece* de fato não muda nada. Até mesmo quando me torno "iluminado", quando venho a conhecer a verdade, segundo ele, apenas estou recordando o que eu já sabia. Na verdade, o tempo não faz diferença alguma. De fato, o objetivo é de, alguma maneira, *superar* o tempo para alcançar a eternidade.

Em contraste, Kierkegaard diz, no entendimento cristão do tempo, que o instante da revelação — e o instante em que sou confrontado por essa revelação — é um "momento" decisivo que muda tudo. As coisas *mudam* no tempo, e essa mudança é memorável — uma transição das trevas para a luz (Efésios 5:8), da morte para a vida (Efésios 2:4,5), da não existência para a existência (1Coríntios 1:28). O momento é carregado e fecundado, é uma reviravolta para o cosmos. A história importa. O que acontece faz diferença. Quando eu, em algum ponto no tempo, defronto-me com o mistério de que o Deus eterno se tornou humano na plenitude do tempo, "então o momento no tempo precisa ter uma importância tão significativa que em nenhum outro momento serei capaz de esquecê-lo, nem no tempo nem na história, porque o eterno, anteriormente não existente, passou a existir naquele momento".[9] O tempo e a história não são apenas pseudopalcos em que se devem desenrolar verdades atemporais, como alguma revelação de um segredo já conhecido; o que acontece aqui é que a verdade é gerada na própria interseção do tempo com a eternidade, como uma reação química que precisa de ambos os componentes. Pode levar apenas um instante, "um piscar de olhos", e ainda assim é um *acontecimento* que faz toda a diferença. "Um momento como esse é singular", continua Kierkegaard. "De fato, ele é curto e temporal, como um momento é; é passageiro, como um momento é, passado, como o momento é no instante seguinte, e ainda assim é decisivo, ainda assim é cheio do eterno. Um momento como esse precisa ter um nome especial. Vamos chamá-lo assim: *a plenitude do tempo*."[10] O paradigma dessa interseção entre o tempo e a eternidade é a encarnação de Deus em Cristo — o momento que é o sustentáculo da história humana. A interseção entre tempo e eternidade faz diferença para ambos. Na história vemos o rastro deixado pelo movimento do Espírito.

Um dos meus filósofos preferidos do século 20, O. K. Bouwsma, foi profundamente influenciado por Kierkegaard. É possível perceber essa influência em uma passagem sucinta e bela em que Bouwsma enfatiza "que o cristianismo é algo que aconteceu, e não uma teoria ou uma explicação ou um conjunto de doutrinas". Pelo fato de o cristianismo ser fundamentalmente um "acontecimento", só o entendemos de forma correta como uma história.

> Todos sabemos que a história que mencionei agora é extremamente longa e que o acontecimento é extremamente longo. O acontecimento ocorre ao longo de muitos séculos, a história é composta por inúmeros episódios — uma história continuada em temporadas seguintes por tempo indeterminado.[11]

A propósito, segundo argumenta Bouwsma, precisamos entender essa história como uma "história de amor", na qual o cristãos "se tornam personagens na continuação ainda não escrita", na medida em que passam a vê-la como uma história sobre eles mesmos, uma história que os transforma, especialmente ao transformar seu entendimento de si mesmos.[12] Ser (tornar-se) cristão é ingressar e viver nesse acontecimento.

Em 1927, um jovem e ainda desconhecido filósofo alemão chamado Martin Heidegger, estudioso de Kierkegaard, deu uma aula aos teólogos na universidade em Marburgo.[13] Refletindo sobre a natureza e o chamado da teologia, Heidegger enfatizou, de forma surpreendente, que o "tema" da teologia não era Deus, mas, sim, o que ele chamou de *Christlichkeit* — "cristianidade", ou o *como* da existência cristã. A teologia, enfatizou, deveria refletir a própria natureza da fé, que é "não um tipo de conhecimento mais ou menos modificado", mas uma maneira fiel de existir em resposta ao evento da revelação em "Cristo, o Deus crucificado". A fé é um *como* e, mais especificamente, uma maneira de viver à luz de um *evento*. A fé — a transformação existencial chamada de "renascimento" — é um modo de participar do *evento*-Cristo. Por essa razão, Heidegger não fala sobre o "cristianismo" como uma abstração ou algo apenas a ser crido. Em vez disso, fala sobre a "ocorrência cristã" — o *acontecimento*-Cristo. Portanto, ser cristão é menos uma questão de crer em algo sobre Deus e mais de viver à luz dos efeitos em cascata desse acontecimento na história. A fé cristã é uma participação continuada no evento-Cristo que continua ressoando ao longo da história humana. O cristianismo é menos um *quê* e mais um *como*, uma questão de como viver à luz do que aconteceu em Cristo.

Assim, Heidegger apresenta uma definição singular de "fé". Sua linguagem é técnica e um pouco difícil, mas penso ser proveitoso pausarmos para refletir a esse respeito e analisar as implicações para a fidelidade no tempo. "A fé", diz ele, é "*o modo de a fé-entendimento existir na história revelada, isto é, de ocorrer, com o Crucificado*". A radicalidade do argumento de Heidegger está um tanto ocultada pelas pressuposições

33

aqui. A fé, segundo ele, é um *como*, um modo de ser, "uma forma de vida", fundamentalmente, um chamado para viver "no" evento histórico do Cristo — vida, morte, ressurreição e ascensão do Deus encarnado. Viver "nesse" acontecimento histórico é viver "com" o Crucificado. Viver nesse evento está fundamentalmente relacionado à comunhão com o Deus crucificado. Não importa o que ainda poderíamos dizer sobre ela, a vida cristã é uma forma de viver como se essa história ainda importasse — viver como se essa história ocorresse agora e fosse a *minha* história.[14]

Viver "dentro da" história da revelação — viver "dentro" do acontecimento histórico do Deus crucificado — é o chamado da vida cristã. Mas isso exige um tipo de consciência histórica eviscerado por demasiadas formas de cristianismo que resultam em um esquecimento sistemático.

· · ·

O que estou chamando de a arte da contagem espiritual do tempo — vivenciar a fé com uma consciência temporal disciplinada — consiste em quatro convicções fundamentais. Em primeiro lugar, a percepção e a mordomia espiritual do tempo correspondem à expressão de nossa finitude como criaturas firmemente situadas no tempo (o que Agostinho chamou de existência humana "condicionada pelo tempo").[15] Para toda criatura, ser é tornar-se; existir é mudar; ter e reter perder e lamentar; despertar é ter esperança. As dobras rechonchudas do bebê pressagiam as rugas profundas do idoso. A chama do outono está latente no verde da primavera. Que diferença isso faz para viver uma vida, como criaturas, em comunhão com um Deus eterno? O que isso significa para a fé ao longo de toda uma vida de transformação está no cerne da contagem espiritual do tempo, e exploraremos facetas diferentes disso nos capítulos adiante: como se esquecer, como se lembrar, como lamentar, como desfrutar o que é transitório; como esperar, como ter esperança.

Em segundo lugar, a percepção e a mordomia espiritual do tempo refletem uma percepção do tempo moldada pela aliança — uma promessa feita na história reverbera posteriormente no tempo. A aliança de Deus com Abraão é o paradigma, culminando na promessa encarnacional feita por Jesus de nunca nos deixar ou nos abandonar, "até o fim dos tempos" (Mateus 28:20). Essa é uma promessa de presença *ao longo da* história — não acima ou a despeito dela. A própria promessa reorganiza nossa imersão na história, nossa sujeição aos séculos. Como Annie Dillard chegou a observar: "O absoluto está disponível a todos em todas as épocas. Nunca houve uma época mais sagrada do que a nossa e nunca uma menos sagrada".[16]

Em terceiro lugar, essa contagem espiritual do tempo é nutrida pela promessa de Jesus de que o Espírito nos guiará a toda a verdade ao longo do tempo (João 16:13). Isso contrasta com o que chamo de "primitivismo" de uma enorme parte do cristianismo americano. O primitivismo é uma visão curiosa da história que vê a presença de Deus como limitada a apenas alguns pontos centrais na história. Sobretudo, os cristianismos primitivistas pressupõem que o Espírito estava presente no primeiro século e, então, de alguma forma, desapareceu e foi esquecido durante os longos séculos que transcorreram até alguém (em geral, o líder do grupo *deles*) redescobrir "a verdade", por exemplo, no século 19 e produzir um movimento de "reavivamento" que "recuperou" a verdade originária e primitiva. Esse primitivismo desconsidera grandes partes da história como "Icabode",[17] destituídas da presença de Deus, pois essa história não está em consonância com sua versão contemporânea do original. Em contraste, Jesus promete uma obra dinâmica do Espírito, que nos guia à verdade ao longo do tempo. Essa é a convicção fundamental da *catolicidade*: o Espírito continua guiando e conduzindo ao futuro, ao longo da história, guiando, convencendo, iluminando e revelando. Essa é precisamente a razão de uma reforma contínua ser necessária. A história ainda está se desenvolvendo. Dar ouvidos ao Espírito não é uma escavação arqueológica em busca de algum depósito originário, mas, sim, uma sintonia com um Deus *conosco*, que ainda fala, ainda surpreende, ainda revela.

Por fim, a contagem espiritual do tempo é impulsionada pelo futuro. Chamamos essa orientação ao futuro de "esperança". A igreja é um povo do futuro, uma comunidade do reino vindouro que está sempre recebendo novas oportunidades de aprender como esperar. Na realidade, a obsessão popular com o fim dos tempos é fundamentalmente "a-histórica": vê o presente como apenas uma contagem regressiva para o que é ditado por algum suposto futuro que já está determinado, com gráficos que detalham a sequência. Essas escatologias do fim dos tempos são somente contagens regressivas para um fim. Mas a literatura apocalíptica na Bíblia está interessada não em *chronos* ("tempo do relógio", como Heidegger o chama), mas em *Kairós*, a plenitude do tempo, um tempo carregado de um modo que não pode ser meramente medido. A esperança escatológica cristã é uma orientação *kairológica* para um futuro em irrupção que tem impacto em nosso presente. A contagem regressiva do fim dos tempos é uma narrativa de declínio: o tempo está passando até o arrebatamento; tudo nesse intervalo é apenas tempo suportado até que a cápsula de resgate da nave faça sua aterrissagem. Em contraste, a contagem espiritual do tempo tenta discernir em que ponto a restauração do Espírito já está em ação no gemido da criação.

Essas quatro convicções teológicas moldam a contagem espiritual do tempo. Elas são realidades envolvidas em revelação que sintonizam o relógio de um povo de Deus espiritualmente sensível. E essa sintonia acontece menos por meio de análises doutrinárias e mais pelas disciplinas espirituais de adoração da igreja, em conformidade com o calendário litúrgico, que, como veremos adiante no capítulo 3, reflete a maneira de o tempo sagrado se inclinar. Como o mapa que carregamos em nosso coração, as práticas da igreja são disciplinas de sintonização que regulam a percepção e a mordomia espiritual do tempo que carregamos em nossos ossos. Os hábitos de *memento tempori* são formados pelas práticas de consciência temporal disciplinada da igreja. Precisamos não de mais contagens regressivas sensacionalistas para o fim dos tempos, mas de uma escatologia prática que nos possibilite viver como um povo orientado a um futuro impulsionado pela esperança.

Nos modelos de cristianismo de "tempo nenhum", o lema é "preservação"; esses cristãos entendem a fidelidade como a prolongação e a preservação do que é passado (muitas vezes cegos para quão recente é sua versão de "fundamentos").[18] Em outras palavras, no cristianismo de tempo nenhum, a fidelidade é uma questão de se proteger da mudança. Na contagem espiritual do tempo, o lema é "discernimento"; a fidelidade exige sabermos *em que momento* nos encontramos, a fim de discernirmos o que somos chamados a fazer. Nos modelos de cristianismo de tempo nenhum, a fidelidade é identificada com a manutenção de uma estagnação; em contraste, a contagem espiritual do tempo é caracterizada pelo dinamismo em acompanhar o ritmo do Espírito.

Acompanhar o ritmo do Espírito é menos uma marcha regimental — *esquerda, direita, esquerda, direita!* — e mais uma dança sutil, uma intuição responsiva para o que vem a seguir. Lionel Salter apresenta um paralelo em sua caracterização da função do regente em uma orquestra. "O regente precisa definir o *tempo* correto da obra e indicá-lo claramente à orquestra com os movimentos da sua batuta." Mas esse não é somente um processo mecânico. O que a música exige da orquestra muda no decorrer de uma sinfonia. Se o andamento fosse apenas um fator mecânico de contagem do tempo, "bastaria usar um metrônomo para deixar a orquestra ouvir algumas marcações ou, como às vezes ocorre em bandas de dança, dizer 'Um — dois', para estabelecer o andamento correto da obra inteira". Mas, obviamente, *não* é o que acontece com uma orquestra, pois, para tocar bem a sinfonia, são necessários andamentos diferentes no decorrer da obra. "Uma das belezas da música", observa Salter, "reside em suas sutis variações de andamento — o aumento do ritmo, a desaceleração, estender o andamento amplamente". O regente está ajudando a orquestra inteira a sintonizar com essas sutilezas.[19]

Da mesma forma, a igreja precisa estar sintonizada com a "regência" do Espírito de maneiras que são responsivas ao momento: quando acelerar, quando diminuir o ritmo. Esse discernimento se aplica ao corpo coletivo de Cristo em seu testemunho e em sua missão comunais. Mas essa dinâmica temporal também é importante na própria vida espiritual de uma pessoa: reconhecer, por exemplo, épocas de uma vida com Deus, quando o Espírito às vezes fala *sotto voce* [em voz baixa], de maneira quase inaudível, e discernir o que Deus nos pede nessa época da vida — o que Deus está fazendo *em nós* nessa época. Portanto, a sabedoria e o discernimento da percepção e da mordomia espiritual do tempo constituem uma parte essencial de uma vida bem vivida.

O propósito deste livro é ajudar os cristãos a saberem "que horas são". Espero que ele possa ser um exercício semelhante ao que meu psicólogo me pediu, uma disciplina que Baldwin diz que temos de praticar: um exercício de fazer um balanço das histórias que carregamos, uma arqueologia de nossas feridas e esperanças, a maneira específica de nossas casas-relógios nos machucarem — e o que Deus nos pede em nosso singular e fecundo *agora*.

PRIMEIRA MEDITAÇÃO

ECLESIASTES 3:9-15

⁹O que ganha o trabalhador com todo o seu esforço? ¹⁰Tenho visto o fardo que Deus impôs aos homens. ¹¹Ele fez tudo apropriado ao seu tempo. Também pôs no coração do homem o anseio pela eternidade; mesmo assim ele não consegue compreender inteiramente o que Deus fez. ¹²Descobri que não há nada melhor para o homem do que ser feliz e praticar o bem enquanto vive. ¹³Descobri também que poder comer, beber e ser recompensado pelo seu trabalho é um presente de Deus. ¹⁴Sei que tudo o que Deus faz permanecerá para sempre; a isso nada se pode acrescentar, e disso nada se pode tirar. Deus assim faz que os homens o temam.

¹⁵Aquilo que é, já foi,
   e o que será, já foi anteriormente;
   Deus investigará o passado.

Trabalho e tempo. Essas coisas são a base de nossa existência nessa avaliação aguda da condição humana. Cada uma delas é companheira constante de nossa jornada. Uma vida é sempre um *tempo* de vida, e essa vida é um tempo de trabalho. Mas ambas as coisas parecem preferíveis à alternativa, pois escapar do trabalho significaria escapar do tempo. E escapar do tempo significaria parar de existir. Portanto, talvez o tempo seja um presente? Talvez até mesmo o trabalho seja um presente?

Essa passagem, como a totalidade de Eclesiastes, demonstra uma ambivalência profunda. Conseguimos perceber os tradutores lidando com essa ambiguidade. Talvez ela exista não apenas no texto, mas na própria condição humana. Talvez a dificuldade na gramática hebraica reflita nossa situação. Por exemplo, há duas traduções muito diferentes do versículo 10. A NVI diz: "Tenho visto o fardo que Deus impôs aos homens". Você consegue sentir o peso. Ser humano é estar exausto e carregar um fardo pesado, ser um animal de carga desde o início. Ser humano é ser como Sísifo: aqui está sua pedra. Você não fará progresso algum. E então morrerá. Bem-vindo à condição humana. Mãos à obra.

Mas a NRSV apresenta uma tradução diferente: "Tenho visto a tarefa que Deus deu aos homens para nela se ocuparem". Existem ar e luz nessa versão de nossa condição. Deus "deu" uma tarefa; o trabalho é um presente. Uma ocupação. Esse versículo quase nos transmite a imagem de um saguão fortemente iluminado de um edifício comercial, com pessoas se apressando para seus ofícios.

Qual dessas versões se aplica à nossa situação? Talvez ambas.

No versículo seguinte, os tradutores parecem trocar sua vivacidade. A NRSV é cotidiana, trivial, aponta para o mundo das atividades humanas, poderíamos quase dizer naturalizada. "Ele fez tudo apropriado ao seu tempo. Também colocou um senso de passado e futuro na mente deles" (3:11). Essa é a linguagem de calendários e cronologia ou talvez uma questão de decoro pessoal. Os homens podem contar os dias, manter-se situados no tempo, e nós sabemos que sempre devemos nos portar de acordo com o tempo em que nos encontramos. O tempo é algo de que estamos conscientes, algo que consideramos, algo que administramos.

Mas os tradutores da NVI são incapazes de resistir ao legado de uma poesia shakespeareana que entoa a plenitude de ser humano: "Ele fez tudo apropriado ao seu tempo. Também pôs no coração do homem o anseio pela eternidade" (3:11). Nessa caracterização, o tempo é uma estrutura em que as coisas florescem. Não é apenas sobre tudo corresponder a uma caixinha do calendário, mas sobre a criação florescer no tempo devido, desenvolvendo-se e se desdobrando em todas as suas possibilidades para alcançar a beleza que está sempre latente. No lugar de a mente simplesmente ficar mensurando sua consciência do passado e do futuro, aqui o coração humano está infundido com um tempo acima do tempo, uma faísca de eternidade conduzida nesse barco temporal.

Apesar de tudo o que Deus colocou em nosso coração e em nossa mente, há muito que nos escapa: "mesmo assim ele não consegue compreender inteiramente o que Deus fez" (3:11). Até mesmo com a eternidade em nosso coração, somos criaturas temporais que habitam este vale mortal. Temos um horizonte limitado do passado e do futuro. Nunca veremos o todo; nunca teremos o escopo da perspectiva divina. De fato, muitas vezes não veremos o que é íntimo e está perto de nós — tudo o que Deus fez ao longo de nossa vida, todas as formas veladas de o cuidado de Deus permanecer oculto.

Mas nossa finitude — nossa ausência de divindade — não é algo de que devemos nos ressentir ou lamentar. Nossa sujeição às condições da temporalidade não é uma prisão, mas um foco. Agraciados com limites, temos a oportunidade de ser felizes, de encontrar alegria, de desfrutar o tempo e — por que não? — até mesmo de trabalhar. "Descobri também que poder comer, beber e encontrar satisfação [até mesmo "prazer", a NRSV diz] no seu trabalho é um presente de Deus" (3:13). O conselho do mestre é provocativo, até mesmo revolucionário: apoie-se em sua condição de criatura; viva plenamente em sua temporalidade; finque-se em sua labuta. Há dádivas que você talvez nunca tenha imaginado: prazer, felicidade, alegria. Os prazeres

COMO HABITAR O TEMPO

de passar uma tarde longa e quente arrancando as ervas daninhas de seu jardim, enxugando o suor de sua testa com uma mão suja de terra e o sentimento de trabalho bem-feito na boa terra de Deus. A alegria de ver um filho se formando na faculdade após uma jornada árdua por um caminho repleto de ansiedade, depressão e milhares de outras dificuldades. A celebração discreta de um aniversário de trinta e um anos de casamento que ninguém notará a não ser vocês dois, ainda que, pela graça de Deus, você tenha deixado para trás gerações de miséria que carregou consigo, e no seu casamento Deus fez algo novo no mundo.

Todas essas alegrias são acompanhadas de perda. Ser uma criatura é ser transitório entre coisas transitórias. O Mestre sabe disso e assim nos recorda: "Deus investigará o passado" (3:15); "Deus investiga o que passou" (NRSV); Deus correrá atrás de tudo e restaurará o que o gafanhoto destruiu. Pode contar com isso.

1

CRIATURAS DO TEMPO

Como encarar nosso esquecimento

> Tudo que é passado é impulsionado para trás a partir do
> futuro e tudo o que é futuro resulta do passado, e tudo
> o que é passado e futuro é criado e colocado em movi-
> mento por Aquele que é sempre presente.
>
> — AGOSTINHO, *Confissões* 11.11.13

Como de costume, minha esposa, Deanna, colocou um pequeno vaso de rosas em minha mesa. Sua cor é um rosa suave e seu cheiro é de damasco. Este é o segundo dia. Elas estão murchando apesar da água. Seu fim está próximo, mas seu aroma é provocante — uma última explosão olfativa antes de morrer. O aroma das rosas me transporta, trazendo uma vaga percepção do tempo de uma forma que só a memória olfativa pode realizar. Vejo um vestido de noiva e um túmulo. Um início e um fim.

• • •

Fiquei absorto no romance (lamentavelmente ignorado) *Ash before oak* [Cinzas antes do carvalho], de um autor britânico chamado Jeremy Cooper. O romance adota a forma de um diário ficcional. À medida que vamos lendo o romance, percebemos que o diário é um ato de sobrevivência por parte de um homem de meia-idade que luta contra os demônios de uma depressão suicida em uma propriedade isolada no condado de Somerset. Ele relata as estações, os ritmos da fauna e da flora, com uma atenção tão especial ao mundo natural que o faz parecer muito familiar. O relato em "4 de maio" contém uma observação simples, mas tocante:

> Quatro coelhos mastigam ruidosamente no velho pomar, o sol que se põe está tão baixo que seus raios atravessam suas orelhas. Flores apareceram na macieira caída, o que me surpreende enormemente.[1]

A árvore caída que promete fruto. A ressurreição da primavera entre os mortos. Uma perda que produz. Esse é o arco da temporalidade.

• • •

Da posição estratégica de minha poltrona junto à janela, nove mil metros abaixo, posso ver um rio caudaloso que segue seu caminho cortando uma planície verdejante. Dessa altura, o rio parece uma serpente turva, uma estrada líquida, um caminho antigo. Mas, então, observo algo que faz soar forte a memória de uma aula de geografia do ensino médio: algo que tem a aparência de uma dobra isolada, como se uma ameba líquida se tivesse separado de uma parte de si mesma, deixando uma ferradura de água independente do curso do rio. É um lago em ferradura formado pela erosão persistente das margens onde o rio se desvia. Durante vários anos, a corrente constante do rio vai corroendo as margens, até, por fim, a curva em S formar um C quando o rio rompe a barreira, criando um canal novo e mais direto. O antigo caminho que estava vivo com água corrente é amputado, sequestrado, deixado para trás. O lago em ferradura é um legado geológico: situado ao lado do fluxo incessante do rio faminto, o lago em ferradura é represado pelos depósitos sedimentares de água corrente. Sem uma fonte, ele agora está à mercê do processo de evaporação. Seus dias estão contados. Um lembrete do que um dia foi visível no rio e que agora está desaparecendo.

A palavra de criação de Deus — "Haja ..." — deu início a tudo. Para tudo o que foi criado, existir é ser temporal, e ser temporal é estar em dívida com um passado e orientado a um futuro. É existir em um mundo no qual as coisas passam a existir e desaparecem: acontecimentos, palavras, atividades, todas essas coisas têm como característica comum o fato de serem passageiras. Como Agostinho observa em sua reflexão sobre o tempo, a linguagem é como um relógio audível: a comunicação é possível apenas quando as palavras surgem e, então, desaparecem, sendo substituídas pela palavra seguinte na frase.[2] Nós cavalgamos sobre a crista de uma onda chamada presente, conduzidos pelo passado e caminhando em direção às margens do futuro.

Mas o que estou chamando de "temporalidade" é mais do que apenas o tique-taque da passagem do tempo. Diferentemente de uma margem ou de uma estátua, os seres humanos não estão apenas sujeitos à passagem do tempo, ao fluxo e ao refluxo de vir a existir e desaparecer, de criação e erosão. O tempo não lhes é apenas uma condição ambiental imposta como o clima. Os seres humanos habitam temporalmente. O tempo não somente escorre sobre nós como a chuva, pois nossa própria existência é temporalmente porosa. Ser temporal é ser uma criatura que absorve o tempo e seus efeitos. Uma pedra que rola pode não carregar nenhum musgo, mas um ser humano temporal ajunta e carrega uma história inteira enquanto rola durante seu tempo de vida. Esse é um tema persistente, por exemplo, no romance essencial de Tim O' Brien, *The things they carried* [As coisas que eles carregavam]. Embora em um nível seja um romance sobre a Guerra do Vietnã, a história instiga quase um interesse universal, pois nos diz algo sobre a condição humana. O que o autor diz sobre as experiências dos soldados é, de certo modo, portátil: "Eles carregavam tudo o que conseguiam levar, e mais ainda, incluindo uma reverência silenciosa pelo poder terrível das coisas que carregavam".[3]

O tempo é para as criaturas como uma espécie de oxigênio. A fronteira entre o corpo e o ambiente está incessantemente aberta. Há uma troca constante entre o interior e o exterior. Da mesma maneira que o ar é inalado e vive em nós, possibilitando nossa existência, o tempo é absorvido como história — não no sentido de acontecimentos passados, mas como a maneira de o tempo perdurar. Esquecer-se é a expiração do ser temporal, mas, cada vez que ele respira, algo permanece.

Há uma corrente de pensamento na filosofia especialmente sintonizada com a dinâmica da temporalidade e da maneira de sermos moldados pela história. Chama-se "fenomenologia", e suas raízes estão em um filósofo alemão chamado Edmund Husserl. Talvez o modo mais sucinto de descrever a fenomenologia é dizer que é uma filosofia da experiência — um projeto filosófico que tenta entender *como* experienciamos o mundo.[4]

Husserl passou uma vida inteira tentando entender essa natureza temporal da pessoalidade e da identidade, e eu certamente absorvi mais dele do que percebo. De fato, isso ilustra uma das percepções centrais de Husserl: ser é ter sido, e ter sido é havermos esbarrado em outras pessoas que esbarram em nós e deixam vestígios. Elas deixam marcas que talvez nem sempre consigamos perceber. Mais do que marcas: elas deixam mossas e resíduos. Ou cavam poços que se tornam reservatórios subterrâneos dos quais bebemos mesmo sem termos consciência disso.

Com frequência, Husserl invocava a metáfora dos horizontes — as margens do nosso mundo ao estendermos nosso olhar. Estamos cercados por horizontes que funcionam como uma moldura de nossa experiência. Nossos horizontes sempre estão relacionados a algum local. Se estou no fundo de um vale ou andando pelo abismo de arranha-céus no centro de uma metrópole, meu horizonte é limitado, restrito. Se escalo até o alto do despenhadeiro ou atravesso as planícies do Centro-Oeste, meus horizontes aumentam e se expandem. Mas até mesmo nessas planícies, meus horizontes mudam conforme o local: novas visões surgem, enquanto outras desaparecem atrás de mim. No entanto, até mesmo o que desaparece atrás de mim é, de alguma forma, incorporado em mim. O que eu *encontrei* agora no retrovisor me prepara para o que *encontrarei*.

Assim como meus horizontes mudam com meu corpo, eu me desloco no tempo com o que Husserl chama de uma "auréola temporal", formada pelos horizontes do passado e do futuro. A consciência, segundo ele, é tanto "retentiva" como "apreensiva": retemos um passado e temos uma expectativa quanto ao futuro, o que é precisamente a razão de minha própria consciência me escapar.[5] Nem sempre seido que me lembro e o que espero. Nem sempre consciente do que carrego e do que anseio. A medida do meu "eu" é sempre mais ampla do que esse *agora* de que estou consciente. Todo humano, na condição de ser temporal, é mais ou menos como um ícone cujas possibilidades são iluminadas pela auréola do passado e do futuro. Todo "eu" tem uma história. A fenomenologia — o método filosófico fundado e praticado por Husserl — é uma investigação dessa história escondida, uma arqueologia filosófica da vida oculta e inconsciente que nos acompanha como criaturas no tempo.

Essa é provavelmente a razão de haver uma ressonância natural entre a fenomenologia e a psicoterapia. Isso também poderia explicar a razão de a minha experiência com terapia ter produzido novas perspectivas de curiosidade filosófica. Eu acabei entendendo: meu terapeuta estava me convidando, em um sentido, a direcionar minhas ferramentas fenomenológicas a mim mesmo. Aquele exercício de desenho de mapa e planta estava me instigando a ver a auréola temporal da minha própria pessoalidade. Husserl apresenta um conceito técnico esclarecedor aqui. Meu "eu", diz ele, não é apenas um fato, um dado da natureza; eu sou *gerado*, eu sou construído, eu "surjo", ao longo do tempo. Meu eu (o que os filósofos gostam de chamar de *ego*, "eu sou" em latim) tem uma história, e na parte mais profunda do "eu" está o que Husserl chama de "substrato de habitualidades".[6] Esse "substrato" pode ser entendido como uma camada basilar de experiências que tornam possíveis as experiências futuras. A história de minhas próprias experiências se transforma em uma terra cultivada pelo tempo que, por sua vez, torna possível o desenvolvimento de futuras experiências.

Esses hábitos de existência ("habitualidades") são minhas formas de existir no mundo que, aos poucos, no decorrer de uma vida inteira, vão construindo pequenos depósitos e acréscimos que constituem o que carrego.[7] Não são instintos inatos; são disposições que adquiri e aprendi a partir da experiência. Abrindo o mundo para mim, essas experiências passadas tornam possível para mim a oportunidade de experienciar. Nesse sentido, é minha história com o mundo que me impulsiona para o futuro. Minha história faz com que eu seja "eu". A conexão de habitualidades que constitui meu "eu" é totalmente diferente, ainda que eu tenha compartilhado um mundo ao lado de milhões de outras pessoas. Assim como minha impressão digital ou meu passo ou o mapa da minha retina, minha auréola temporal é uma assinatura singular da minha existência.

Por um lado, esses hábitos de existência tornam minha vida possível; por outro, esses hábitos, disposições e modos aprendidos de existir no mundo também apresentam seus limites. Algumas de minhas habitualidades significam que eu ando neste mundo mancando. Eu as carrego como um fardo. As feridas nos excluem das possibilidades. Algumas de minhas experiências formativas me levaram a ignorar e excluir, cedendo, voluntariamente, aos pontos cegos que herdei. O racismo, por exemplo, não é apenas uma atitude, mas um esquema corporal de habitualidades que eu absorvo ao longo do tempo.[8] Mas a compaixão pode tornar-se o mesmo tipo de hábito de disposição pessoal, uma disposição corporal que faz parte do meu próprio ser, porque aprendi o que significa estar vulnerável e receber cuidado. Ao longo do tempo, alguém tanto me demonstrou compaixão como me demonstrou como ser compassivo, e minha história tem sido a oportunidade de praticar minha própria forma de ser compassivo. Ou pelo menos essa é minha esperança!

Amo o fato de Husserl, o antiquado fenomenólogo alemão, dizer que meu "substrato de habitualidades" singular é o "estilo duradouro" da minha identidade. Nós somos formados; somos adornados com histórias que nos inclinam a passear, desfilar ou nos arrastar. Em virtude de nossas histórias, alguns de nós se movem no mundo com uma capa; alguns vestem casacos folgados por trás dos quais se escondem; alguns experimentam o mundo como se estivessem expostos. A pergunta não é se temos um estilo, mas, sim, qual estilo (inconscientemente) adotamos em virtude da nossa história. Nós vestimos tempo.

E isso não é verdadeiro apenas para mim ou para você. Isso é verdadeiro para todos *nós*. Essa mesma dinâmica é válida comunitária e coletivamente. Como Anthony Steinbock diz, "*quem* nós somos é *como* nós somos".[9] Compartilhamos horizontes; cada grupo coletivo tem sua própria auréola temporal.

Nossa temporalidade é pegajosa: as coisas vão ficando em nós ao longo do caminho — coisas de que precisamos, coisas que valorizamos, coisas que se tornam um fardo. Vamos existindo no tempo não apenas passando de um momento a outro, mas com uma auréola temporal de retenção e expectativa. Assim, o que significa ser fiel em meio a esse fluxo? O que significa permanecer firme quando, como criatura, estou em constante desenvolvimento? A contagem espiritual do tempo é a forma de lidarmos com nossa temporalidade.

• • •

Um aspecto da temporalidade que minimizamos ou a que resistimos é a profunda *contingência* de nossa existência.[10] Ao dizermos que algo é "contingente", queremos simplesmente dizer que isso *poderia não ter ocorrido*, não *precisa* ocorrer e outra coisa poderia ter ocorrido. E isso se aplica à totalidade do cosmo criado, trazido à existência pelo ato livre de um Deus generoso e amoroso. Toda a criação poderia não ter existido ou ocorrido. Isso não torna a criação aleatória ou arbitrária, mas apenas contingente.

A contingência presente na origem do cosmo ainda continua a percorrê-lo. A história é um zigue-zague de escolhas e acontecimentos que tanto geram como encerram possibilidades. Cada zigue estabelece um curso, cada zague traça uma trajetória, cada escolha cria novas possibilidades e, ao mesmo tempo, deixa rastros de impossibilidades atrás de si.

Essa contingência é lamentada por românticos que cultivam fantasias a respeito de retornar a algum ponto. O movimento de "o que poderia ter ocorrido" para "o que ocorreu"[11] não é uma queda a ser lamentada, mas o andar em círculos, típico da condição de ser uma criatura. A transformação da possibilidade em realidade não é uma perda, mas uma oportunidade para estabelecer o foco. Obviamente, para cada caminho adotado, outro deixou de ser, e nossa alma volátil às vezes vagueará, voltando à bifurcação na estrada, fazendo perguntas a esse respeito. Mas apenas a estagnação poderia ter mantido as opções em aberto, e, para os seres temporais, estagnação significa morte.

Possibilidades que se tornam realidade têm um efeito ao estilo bola de neve: ganham certa força; tornam-se um passado que nos prepara para um futuro, uma trajetória que vem antes de nós. Essas são as possibilidades nas quais somos "lançados", como Martin Heidegger, que foi aluno de Husserl, certa vez expressou. Como os protagonistas em *Groundhog Day* [Feitiço do tempo] e *Palm Springs*, podemos ter o sentimento de acordar e nos perguntar: "Como cheguei aqui? Como isto se tornou minha vida?". É esse tipo de experiência esquisita que Heidegger chama de nossa "condição de lançados": a maneira em que a vida que construí para mim mesmo — o acúmulo de milhares de escolhas e decisões — ainda parece ser uma vida na qual fui arremessado, pois, em algum sentido fundamental, as *possibilidades* também foram decididas para mim antes de eu chegar e aparecer no mundo. Heidegger se refere a isso como nosso senso existencial de sermos "entregues". Esse "salto" naquilo que foi herdado — essa variedade de possibilidades às quais fui entregue — é, em sua maior parte, ocultado por nossos dramas cotidianos de acompanhar, desenvolver e tolerar os efeitos tranquilizantes do consumo de massa.[12] Essa é a razão de, como a banda Talking Heads atesta, você ser capaz de viver normalmente um bom pedaço de sua vida antes da experiência esquisita de se perguntar: "Como cheguei até aqui?". É como se eu tivesse sido arremessado para este lugar, a este momento por... sabe-se lá o quê.[13]

Arremessados é uma forma de nomearmos nossa experiência da contingência. Por um lado, experimentamos as condições da nossa situação como um fato; por outro lado, entendemos que elas poderiam ter sido outras. As coisas não *precisavam* ser assim, e se a história — minha, nossa, do mundo — tivesse ocorrido em uma direção diferente, teríamos herdado um conjunto diferente de possibilidades e uma configuração diferente de fardos.[14] Mas as únicas cartas que temos para jogar são aquelas que nos foram dadas pela história que nos antecedeu. Pelo fato de herdarmos essa história, as possibilidades são geradas para nós o fato de termos sido arremessados não é uma coisa ruim. Por ter sido arremessado na vida e no tempo em que me vejo, tenho um futuro que demanda de mim realizar possibilidades latentes a partir do que foi herdado.

Mas essas possibilidades não são infinitas, e *o que é demandado* também é um fator nessa história herdada. precisamos tomar a medida espiritual da percepção de William Faulkner: "O passado nunca está morto. Ele nem sequer passou".[15] Nosso passado não é o que deixamos para trás; é o que carregamos. É como se tivéssemos recebido um molho enorme de chaves que ficam retinindo. Algumas delas destrancam futuros possíveis. Algumas acorrentaram nossos próximos. Somos lançados na situação de tentar discernir qual é qual. Somos chamados a avançar, dada a nossa história, carregando tanto suas possibilidades como seus obstáculos. Fidelidade não é lealdade a um passado, mas, considerando nosso passado (e apesar dele), uma resposta a um chamado para o *shalom*.

• • •

A contingência significa que, sobre cada história, podemos dizer: "Não precisava ser assim" *e*: "É assim que isso é". A pergunta na interseção é: "*E agora?* Como seguir vivendo?".

Certa manhã, a artista e ativista ambiental Katie Holten olhou para o mármore na pia do seu banheiro e, em suas ondas e linhas, vislumbrou o que quase tinha a aparência de uma inscrição — uma marca nessa pedra que era uma impressão produzida tanto pelo tempo como pelo lugar, uma história geológica comprimida em pedra, tentando se comunicar. Essa revelação deu origem a um projeto criativo plurianual chamado por ela de "O alfabeto das pedras". O objetivo de Holten é transcrever visualmente a linguagem da terra, ouvir como as pedras gritam. Ela examina de maneira nova todas as pedras que nos cercam, dedicando-se a ouvir o "tempo profundo" da cidade. Em um caderno, ela capta os rabiscos do mármore, o código Morse do granito, as pegadas de pedras porosas e os pontos e sinais que, em preto e branco, têm a aparência de hieróglifos da terra que nos contam uma história. "A memória de uma pedra é de uma ordem temporal diferente daquela da ordem social humana. Caminhando por Manhattan, observo as pedras e me vejo deslizando entre o passado, o presente e o futuro". O que esse mármore está dizendo? O que esses pedregulhos de Mayne estão sussurrando, espalhados sobre uma rua secundária de Nova York? Qual é a recordação do granito de Vermont aqui no lado de fora da Biblioteca Pública de Nova York?. "O ar está fervilhando com mensagens, as árvores estão encharcadas de segredos, as pedras armazenam histórias." No seu diário, com uma mudança de foco realizada pelo desfocar dos olhos, Holten tenta transcrever essa linguagem sutil nos desenhos curvilíneos do mármore, nos padrões dos sulcos em meios-fios de arenito, os hieróglifos que nunca notamos na pedra calcária em Grand Central Station.[16]

> O que as linhas na paisagem estão nos dizendo? Para onde estamos indo? O que deixaremos para trás? Pedras dão testemunho. Todas as linhas, fendas, buracos, marcas, mossas, rugas e vestígios de fósseis que aparecem nas pedras nos dizem algo sobre a vida da cidade, da Terra; sobre o metabolismo dos edifícios, do planeta. Mensagens se infiltram vindo do passado, atravessando as fendas e formando cicatrizes na pele da metrópole.[17]

Todo dia vivemos em meio a relíquias do tempo. Fósseis do nosso passado que vivem em leis, instituições, políticas e práticas e em um vasto repertório de hábitos que herdamos de gerações anteriores a nós. Assim como as pedras que nos cercam, esses "fatos" culturais e institucionais constituem um "ambiente de ação" que molda como vivemos, nos movemos e agimos. Experimentamos sua natureza factual no simples bordão:

"É assim que se faz isso". A própria natureza factual dessas realidades é uma invisibilidade falsa: pelo fato de não as vermos, não estamos cientes de como somos moldados por essas heranças e de como elas restringem e canalizam nossa maneira de viver.

A referência a essas coisas como fósseis talvez seja inadequada, talvez até mesmo dê uma impressão errada. Esses fósseis são mais como zumbis, pois ainda estão ativos, semivivos, exercendo influência sobre nós. Talvez sejam mais como cápsulas do tempo incrustadas nas estruturas de nossas instituições, igrejas e casas — ou, melhor ainda, cápsulas que liberam o tempo, histórias incrustadas que continuam liberando doses regulares ao longo do tempo, como uma terapia histórica intravenosa que nos nutre (ou envenena) mais do que percebemos. Obviamente, há aspectos positivos desses legados invisíveis. Ancestrais corajosos e tenazes criaram condições que nos possibilitaram *sermos*. Pais ou avós imigrantes nos deixaram a dádiva de um novo conjunto de possibilidades em um novo mundo. As gerações que criaram museus de arte, construíram nossas universidades e lançaram os fundamentos para serviços públicos continuam a render para nós. Toda vez que viajo de metrô na cidade de Nova York, fico pasmo com a ousadia do investimento público realizado mais de um século atrás — um tipo de colaboração cívica quase impossível de imaginar hoje em dia.

A mesma dinâmica de herança é válida na dinâmica da igreja. Toda pessoa que carrega a Bíblia, uma coleção de livros entre duas capas, é herdeira do discernimento dos concílios cristãos no quarto século. Nossas Bíblias gastas são relíquias vivas do trabalho deles. Igualmente, a vasta maioria dos cristãos ao redor do mundo participa de cultos de adoração com um repertório de práticas recebidas de séculos atrás, e nossas disciplinas espirituais contêm algo do calor e da luz dos santos que nos antecederam e que viviam no deserto. Essa herança temporal, presente nos artefatos e rituais da igreja, é a expressão tangível do que chamamos de "catolicidade".

Em um passado que desprezamos, pode até mesmo haver dádivas que foram ignoradas. Talvez acreditemos haver superado a história com nosso suposto Iluminismo, de modo que não percebemos em que medida dependemos de um capital emprestado de um passado que nos tem sustentado.[18] Quando, por exemplo, alguns movimentos buscam desmantelar as instituições e práticas de uma república democrática, seja em um espírito de fervor revolucionário, seja em um espírito de quase revolução conspirativa, com frequência não estão cientes de quanto sua própria capacidade de fazê-lo *depende* das instituições e práticas de uma república democrática. Nesse sentido, os legados ainda tornam possível até mesmo a tentativa de apagá-los.

Mas também com a mesma frequência esses legados invisíveis — essas cápsulas de liberação do tempo do passado, esses fósseis zumbis da nossa herança — estão ativos em nosso presente de maneiras prejudiciais ao florescimento humano. A demografia dos nossos bairros ainda segue as divisões de algumas práticas comerciais discriminatórias do século 20, que impediam as pessoas negras de terem sua própria casa. Autoestradas ainda são imponentes invasores de concreto que dizimaram comunidades marginais quando planejadores consideraram essas comunidades descartáveis em nome do progresso que beneficiaria o restante de "nós". Todas as nossas áreas residenciais com ruas de quatro pistas, mas nenhuma calçada, nos legaram um mundo para carros e consumo de carbono, hostil aos humanos que talvez quisessem caminhar. O número de mulheres ao redor das mesas nas salas de reunião de diretoria das empresas nos conta que o patriarcado está muito bem, obrigado. Nossas congregações e denominações ainda refletem histórias de imigração, segregação e suburbanização.

Esses fósseis zumbis da história podem ser tangíveis, viscerais, contidos naquilo que está à nossa volta e que nós consumimos. Nós vivemos desse ambiente moldado por uma história contingente e somos sustentados por ele. Quando o ingerimos, os frutos dessa história se tornam parte de nós. Nenhuma história é pura; a história de ninguém é pura; o que nos nutre também está maculado. Poderíamos dizer que, até mesmo ao nos sentarmos e darmos graças pela comida posta na mesa, há sempre um legado a ser lamentado. Toda "graça" é um confronto.

O emaranhado de dádivas e venenos, graça e lamento, é captado poderosamente pela música da banda Avett Brothers *We Americans*

[Nós, americanos]. Imagine-a sendo entoada no Memorial Day ou no feriado de 4 de julho,[19] quando a nação está concentrada em expressar gratidão por aqueles que "tremeram e oraram enquanto se aproximavam das praias da Normandia" para defender um país que amavam, um país fundado como uma república de liberdade. Mas a celebração é complicada, o que é confessado pelo narrador:

> Sou um filho do Tio Sam
> E luto para entender o bem e o mal.
> Mas estou fazendo o melhor que posso
> Em um lugar construído sobre uma terra roubada com um
> povo roubado.[20]

A música luta com a questão do que fazer com esse legado, mas só é capaz de lutar porque encara esse legado. Ela desenterra a história que preferíamos enterrar. E o pós-refrão nos recorda que tudo isso está exatamente debaixo de nossos próprios pés e em própria mesa: há "sangue no solo com o algodão e o tabaco" e "sangue na mesa com o café e o açúcar". As pedras gritam, o solo lamenta e o fruto da terra ainda geme com o longo legado de sua produção, um lembrete tangível de que os confortos da vida de muitos foram consumidos à custa dos portadores da imagem de Deus. O único caminho para um futuro justo passa por esse confronto, por essa confissão, por essa avaliação e por esse acerto de contas.

Portanto, não somos vítimas da nossa história como se o passado predeterminasse nosso futuro. "Somos mais do que a soma de nossas partes", recorda-nos o narrador, "todos esses ossos quebrados e corações quebrados". Podemos esperar por um futuro que seja diferente. Por isso, ele conclui com uma oração:

> Deus, tu nos guardarás, não importa aonde formos?
> Tu podes nos perdoar por causa de onde estivemos?
> Nós, americanos.

Até mesmo fazer a pergunta, como uma oração, é considerar uma forma diferente de habitar o tempo. Essa música, como um hino de contagem espiritual do tempo, entrelaça lamento e esperança, recusando tanto a nostalgia como o desespero.

• • •

Nossa condição de seres temporais não decide de que forma nos relacionamos com o tempo. Desenterrar os fósseis zumbis em nosso presente não significa necessariamente sabermos ler os hieróglifos. Como podemos transcrever os alfabetos gravados em pedra e açúcar, nas pontes de travessia das rodovias e nos sinais que indicam os limites da cidade? Nem todo encontro com a história é realmente uma avaliação e um acerto de contas; nem todo olhar em direção ao futuro é esperança.

A pergunta não é apenas se temos uma história e um futuro, ou até mesmo se reconhecemos esse fato; a pergunta é como devemos nos relacionar com nosso passado e nossa história.

Há uma espécie de fascínio com o passado que é um ato de esquecimento intencional: chama-se "nostalgia". Comunidades religiosas têm uma propensão especial a isso. A fé é "transmitida", uma questão de *traditio*, o que faz com que a fidelidade seja confundida com preservar o passado em vez de ter gratidão por uma herança cujo objetivo é fazer-nos avançar. O problema mais significativo com a nostalgia não é o que ela lembra, mas o que esquece. "A maior parte dos problemas deste mundo é causada por memórias", escreveu Apsley Cherry-Garrard, "pois nos lembramos apenas de metade delas".[21] O "passado" pelo qual se anseia é sempre selecionado, editado, preservado em âmbar e, portanto, descontextualizado, ainda que esse passado seja invocado como ordens diretas de restauração e recuperação.[22] Sempre que o passado é invocado como um modelo para o presente, a primeira pergunta que sempre devemos fazer é: *O passado de quem?* A versão de quem do passado? E o que esse passado invocado ignora, desconsidera e esquece efetivamente? Qual metade é lembrada? A metade de quem é esquecida?

A nostalgia raramente é algo do tipo arqueológico, apenas um interesse na história pela história. É mais comumente um anseio sentimental por "como as coisas eram". Essa nostalgia é sempre uma forma de atrofia do desenvolvimento. Por exemplo, há formas de nostalgia que são saudades não tão sutis assim da adolescência e que, portanto, conservam ressentimentos da vida adulta. Muitas formas de nostalgia coletiva demonizam o presente, ao mesmo tempo que se deleitam em um passado fictício (como Tony Soprano certa vez expressou: "'Você se lembra de quando' é a forma mais rudimentar de conversa"). Mas, na maioria dos casos, e em nossa vida coletiva, a nostalgia serve a uma agenda social e política que deseja repetir uma configuração da sociedade que assegurou uma forma de existência que está sendo romantizada. Com muita frequência, essa forma de existência beneficiou alguns — que agora a recordam afetuosamente — à custa de outras pessoas que foram pisoteadas pela assim chamada era de ouro. Por exemplo, nos Estados Unidos, apenas pessoas brancas, mais provavelmente homens, poderiam lembrar-se da década de 1950 de maneira afetuosa.

O poeta A. E. Stallings cresceu à sombra de Stone Mountain, na Georgia — um monumento montanhoso ao estilo do Monte Rushmore dedicado à visão da "causa perdida" da Guerra Civil —, idolatrando líderes confederados em um local especialmente sagrado para supremacistas brancos. Como todo monumento, esse é uma versão específica de uma memória. Stone Mountain nos faz perguntar: o que devemos fazer quando essas versões do passado ficam pairando sobre nós, insultando os oprimidos por essa "metade" de memória?

O escultor de Stone Mountain, o artista autodidata Roy Faulkner, teve dificuldade para esconder a arrogância de suas pretensões: ele queria criar um "memorial que permanecerá pela eternidade".[23] Mas até mesmo os montes desmoronam. "Um monumento é uma futura ruína", observa Stallings de forma sarcástica.[24]

Stone Mountain não pode ser derrubado como uma estátua em um parque. Mas Stallings observa uma proposta criativa de Ryan Gravel, arquiteto de Atlanta:

> Devemos deixar o crescimento tomar conta das muitas fendas e ondulações da escultura enquanto elas naturalmente juntam material orgânico e deixam musgo e líquen obscurecerem seus detalhes. Deveríamos enchê-la de terra para estimular esse crescimento e considerar essa nova camuflagem um ato de criação intencional, transformando a escultura em um memorial ao fim da guerra — e não aos traidores que a lideraram.

Em outras palavras, Stallings comenta, "deixar a vegetação corroer um monumento até se tornar uma ruína, deixar uma ruína se transformar novamente em um monte".[25] O monumento arruinado é um ato de recordação melhor do que a destruição. Às vezes, o ato mais fiel de recordação exige a destruição de nossas nostalgias; às vezes, o ato mais criativo de recordação é arruinar as ilusões com as quais aprendemos a conviver.

Há maneiras semelhantemente desordenadas de nos relacionarmos com o futuro. A imagem espelhada da nostalgia é uma noção otimista e idealista do "progresso", uma tendência de romantizar o assim chamado círculo da história como a inevitabilidade de nossa própria virtude. Sob esse aspecto, tendemos a imaginar nosso eu futuro como uma versão melhor do nosso eu presente, talvez por estarmos com os olhos vendados em relação ao ponto em que nos encontramos agora. Em uma perspectiva mais restrita da realidade, os economistas comportamentais observaram que as escolhas que fazemos para o nosso futuro parecem idealizar que seremos diferentes de como somos agora. Por exemplo, quando se pediu à equipe do escritório que escolhesse uma sobremesa para uma reunião que ocorreria durante o almoço na semana seguinte, três quartos da equipe escolheram fruta no lugar de chocolate. Mas, ao escolher sua sobremesa na reunião, a maioria escolheu chocolate. O fenômeno é chamado de "desconto hiperbólico" — uma tendência da psique humana de imaginar que o futuro, e nós nesse futuro, seremos bem diferentes do passado, apesar de toda a evidência contrária (ou seja, apesar do que exibimos em nosso passado até então).[26] Esse romantismo sobre o futuro é como a outra face da moeda da nostalgia. Não é esperança, mas arrogância.

Mais uma abordagem desordenada a respeito do futuro é o que poderíamos chamar de "espírito apocalíptico" ou o que Tomás de Aquino chama simplesmente de vício do desespero ("o maior dos pecados", na taxonomia de Tomás de Aquino).[27] No lugar de uma romantização do futuro, o porvir é demonizado. O modo de expectativa aqui é basicamente medo e alarme (sendo a razão de esse espírito apocalíptico quanto ao futuro com frequência combinar bem com a nostalgia em relação ao passado). O futuro é apresentado como uma ameaça; a expectativa para o arco da história é que ele será sempre e apenas declínio. Há versões dessa visão apocalíptica relacionadas a estarmos prontos para o arrebatamento, bem como formas seculares que encontram expressão em colapso climático ou político. No desespero desse espírito apocalíptico, somos vítimas de um futuro já decidido e executado. Embora seja obcecada com o futuro, essa expectativa é a antítese da esperança. Uma vez que Deus pode ressuscitar os mortos, nem sequer a morte é o fim. A ressurreição e o perdão significam que o futuro é sempre uma fonte inesgotável de surpresas.

• • •

Refletindo sobre a música do compositor Thomas Adès, o crítico Matthew Aucoin apresenta uma metáfora generativa: "A história não é um peso morto [...] mas um monte de adubo que ainda vive silenciosamente e está em constante mutação, um ecossistema fértil no qual armazenamos alimentos, caçamos, construímos".[28] A história está viva em nós e em nossas instituições. Como nossa história nunca desaparece, o *discernimento* é uma virtude central da fidelidade temporal. Estamos crescendo nesse adubo da história que precisa ser peneirado: certamente há refugo do qual devemos nos desfazer, mas também há metamorfoses do nosso passado que agora são solo fértil para um futuro diferente. Estão surgindo algumas plantas que talvez devêssemos transplantar.

Se quisermos, como os filhos de Issacar, "entender os tempos", temos de reconhecer que nós que discernimos também somos *produtos* do tempo. Mas reconhecer nossa firme localização nas vicissitudes das voltas e reviravoltas contingentes da história é apenas metade do trabalho; a outra metade é saber como herdar — o que fazer com o que recebemos. Esse é o trabalho do discernimento.

Há uma lição para nós aqui na obra do filósofo alemão G. W. F. Hegel. Notoriamente difícil e obscuro, ainda assim Hegel tentou desenvolver algo como um entendimento cristão do percurso do Espírito pela história, sem que isso se transformasse em um drama falso predelineado, um jogo fixo que torna a história uma fraude.[29] Ao observar acontecimentos "históricos mundiais" como a Revolução Francesa, Hegel estava tentando discernir o que estava em progresso nesses desenvolvimentos. O comentarista Charles Taylor sugere que Hegel estava reformulando uma doutrina da providência.

> Contra a noção displicentemente otimista da providência no século 18 como a compatibilidade perfeita de um universo bem-combinado com os propósitos de Deus para o homem, uma visão que Hegel nunca deixou de desdenhar, Hegel desenvolveu uma visão da história como o desdobramento de um propósito a partir de dentro, que passa por um conflito trágico rumo a uma reconciliação mais elevada [...] A história se move para sarar as feridas que criou.[30]

Esse propósito que surge "de dentro" também poderia ser caracterizado como um propósito que surge "de baixo", um propósito que apenas poderíamos começar a ver posteriormente, quando as contingências da história estiverem em nosso retrovisor e nós tenhamos condições de começar a perceber os rastros dos acontecimentos e decisões. Essa é a essência da declaração famosa, mas enigmática, de Hegel: "a coruja de Minerva levanta voo ao cair do crepúsculo".[31] Minerva é o equivalente romano de Atena, a deusa grega da sabedoria. A sugestão de Hegel é que a sabedoria começa a aparecer no fim do dia — que temos de *passar* por algo antes de a clareza da percepção chegar. Apenas a perseverança produz sabedoria, e muitas vezes teremos a impressão de que a percepção chega tarde. Por que não poderíamos ter sabido disso antes? Esse é um dos escândalos da temporalidade.

Mas até mesmo nessa situação, estamos tentando enxergar no crepúsculo, o que sempre é difícil. A razão é oblíqua. Como o reverendo John Ames escreve na obra *Gilead,* de Marilynne Robinson: "Às vezes o aspecto visionário de algum dia específico ocorre a você na lembrança dele, ou ele se revela a você ao longo do tempo".[32] O discernimento é o trabalho árduo de perscrutar em volta de nós quando tudo está escondido na escuridão do cair da noite. Hegel diz basicamente a mesma coisa ao apresentar, pouco antes de observar a coruja alçar voo, uma advertência sobre nossa fome de instruções a respeito de como o mundo deve ser. A filosofia, segundo ele, "sempre chega tarde demais para desempenhar essa função". Talvez haja um discernimento que precisa vir antes de a filosofia entrar em cena no crepúsculo. "Quando a filosofia pinta seu cinza com cinza, uma forma de vida envelheceu, e não pode ser rejuvenescida, mas apenas *reorganizada*, pelo cinza com o cinza da filosofia."[33] Mas às vezes esse reconhecimento é uma realização que nos coloca no caminho para um futuro diferente.

O fato de a percepção chegar tarde não nos livra da responsabilidade do discernimento. Tampouco a percepção deve ser rejeitada por quase sempre ocorrer em retrospectiva. O Espírito — o *Geist* de Hegel — nos chama na história. O discernimento é, antes de tudo, não uma questão de explicar a história, mas de buscar criar formas de vida juntamente com a redenção em desenvolvimento do Espírito no tempo. Charles Taylor tenta captar isso ao dizer que, para Hegel, o movimento do Espírito está *"em marcha"* e que "cabe aos homens reconhecerem e viverem em relação a isso". O movimento do Espírito é algo a que devemos nos unir, que exige algo de nós. "Reconhecer a própria conexão com *Geist* é *ipso facto* transformar-se e mudar o próprio modo de agir."[34] E, para Hegel, a transformação *religiosa* está no cerne disso: uma mudança da realidade está entrelaçada com uma mudança de consciência. Essa é a razão de o *discernimento* em meio à história ser nossa responsabilidade central: ouvir o compasso, seguir o andamento, para podermos acompanhar o ritmo do Espírito.

Há uma diferença importante entre imaginar a história como uma página em branco para nossas realizações e imaginá-la como uma sinfonia à qual somos chamados para desempenhar um papel. O comentário final de Taylor é denso, mas é proveitoso considerá-lo atentamente:

> Há uma diferença [...] entre uma visão que vê uma transformação política e social desejada e disseminada como algo a ser *feito* por aqueles que alcançariam regeneração e uma visão que enxerga as transformações sociais e políticas relevantes como precisando ser *discernidas* e, portanto, aceitas e vividas no espírito correto.[35]

Há uma diferença entre acreditar que somos aqueles pelos quais estivemos esperando e perceber que somos chamados para nos juntar ao Espírito de Deus que percorre a história.

Não acho exagerado dizer que essas duas posturas são a diferença entre arrogância e graça. A primeira — a corrente do "algo a ser *feito*" — é um tipo de pelagianismo histórico que nos considera os atores centrais que fabricam a história com as próprias ações; a história será uma história de *nossas* realizações. A segunda é mais como um agostinismo histórico, uma temporalidade envolta em graça, em que o Espírito está em ação e em andamento, algo de que nós, pela graça, somos convidados a participar e, assim, tanto *sermos* transformados como fazermos parte da transformação em desenvolvimento.

· · ·

Somos ao mesmo tempo pessoas envolvidas involuntariamente na história e atores que moldam o futuro. Essa percepção encontrada em Hegel também é central no argumento de Reinhold Niebuhr em *The irony of American history* [A ironia da história americana]. Escrita em meio à Guerra Fria, diante da hegemonia e da arrogância dos Estados Unidos, Niebuhr advertiu contra o fato de superestimarmos a própria capacidade de controlar a história. No exato momento em que nos vemos como uma superpotência, como atores *na* história, ficamos cegos a todas as maneiras de sermos moldados e condicionados por ela.

A noção de "ironia" em Niebuhr é específica, quase técnica (não do tipo de Alanis Morissette). Ele enfatiza que nossa situação — a condição humana — não é meramente "patética" [de *páthos*]. Não somos simplesmente vítimas da história dignas de pena como "pacientes" de forças que estão além do nosso controle. Somos tanto criaturas *do* tempo como agentes que *moldam* a história: "A natureza histórica do homem", segundo ele, é que a humanidade é "tanto agente na história como criatura dela".[36]

Tampouco nossa condição é meramente trágica, uma situação em que somos obrigados a tomar decisões injustas por causa de algum código ou do ambiente no qual nos encontramos. Mas, segundo ele, nossa situação é, sim, *irônica*: enorme é o número de males gerados por nós mesmos, mas um enorme número desses males é gerado por nossas virtudes cegas e pelas sombras inconscientes de nossas melhores intenções.

O mal na história humana é considerado como a consequência do uso errôneo por parte do homem de suas capacidades singulares. A razão desse uso errôneo é sempre uma falha em reconhecer os limites de suas capacidades de poder, sabedoria e virtude. O homem é uma criatura irônica por esquecer que não é simplesmente um criador, mas também uma criatura.[37] Essa *falha em reconhecer* será um tema importante para nós, tratado junto ao tema da importância do discernimento.

Esse entendimento irônico da história humana é, para Niebuhr, uma visão descaradamente cristã de nossa condição, tanto porque a doutrina do pecado original produz humildade fundamental em relação ao autodomínio e à autocompreensão como pelo fato de que a ironia dá lugar à misericórdia. "Aquele que está assentado nos céus ri e zomba dos planos vãos", diz o salmista (Salmos 2:1-4). O riso é zombeteiro, comenta Niebuhr, "exibindo o aguilhão do juízo sobre nossas vaidades". Nossa situação é risível, mas, na risada de Deus, que produz humildade, há um afeto e uma empatia que comunicam outra possibilidade: o perdão.

"Se a risada é genuinamente irônica", continua Niebuhr, "ela precisa simbolizar misericórdia, bem como juízo".[38] Perceber a ironia da nossa situação temporal é perceber que

> todo o drama da história humana está debaixo do escrutínio de um juiz divino que ri das pretensões humanas sem ser hostil às suas aspirações. A risada das pretensões é o juízo divino. O juízo é transformado em misericórdia se resulta em enfraquecer as pretensões e instigar os homens a um reconhecimento contrito da vaidade de sua imaginação.[39]

Isso significa dizer: a ironia da nossa história sempre significa que um futuro diferente é possível, tanto porque Deus pode "virar a mesa" ("a pedra que os construtores rejeitaram" se torna a pedra angular, Salmos 118:22) como pelo fato de que o reconhecimento pode produzir contrição — o que, por sua vez, pode gerar uma mudança de rumo. Nunca é tarde demais para nos tornarmos quem somos chamados para ser.

O reconhecimento de nossa situação é o primeiro passo. O surgimento de uma nova consciência é o início de um novo dia. Para Niebuhr, é nossa falha em reconhecer essa ironia da condição humana — as maneiras de nossas ações ultrapassarem nossas intenções — que produz arrogância. A realidade está mais do que disposta a refutar esse orgulho. Essa é a razão de Niebuhr enfatizar que o reconhecimento é o início da sabedoria. Toda vez que nossas pretensões colidem com uma realidade obstinada, estamos sendo convidados à prática da humildade do reconhecimento. Obviamente, ser humilhado pela realidade pode ser motivo para uma fúria arraigada, um ressentimento fundamental contra o fato de o mundo e o tempo não corresponderem às nossas pretensões. Mas há sempre a possibilidade de essa humilhação ser um portal para a humildade, para o reconhecimento de nossos limites. O reconhecimento pode quebrar o feitiço: "A consciência de uma situação irônica tende a dissolvê-la".[40]

Essa declaração de Niebuhr poderia ser o lema deste livro, que tem o propósito de gerar consciência. Este não é um livro sobre o que fazer com seu tempo ou como administrá-lo ou redimi-lo usando algum tipo de desempenho espiritual. Este livro é um convite para uma nova consciência de como habitar o tempo. "A consciência de uma situação irônica tende a dissolvê-la": isso não significa que isso *soluciona* nossos problemas, tampouco que nos *livra* de nossos limites. O reconhecimento não nos coloca acima das vicissitudes da história; apenas nos torna renovadamente atentos ao nosso condicionamento, talvez menos confiantes em nosso alcance limitado, em nossas motivações embaralhadas, o modo de até mesmo nossas melhores intenções terem, eventualmente, consequências não intencionais em um futuro que nunca podemos controlar.

O reconhecimento deve primeiro encontrar seu fim na contrição — uma postura cada vez mais incompreensível para nós, em uma sociedade dominada pela "liturgia da autovalorização moral".[41] Mas, se vivermos com uma "percepção religiosa de um julgamento supremo de nossas ações individuais e coletivas", isso "deverá criar uma consciência de nossas próprias pretensões de sabedoria, virtude e poder que ajudaram a moldar a contradição irônica".[42] Com essa consciência, "a ironia tenderia a se transformar na experiência de contrição e em um enfraquecimento das pretensões que causaram a ironia". É precisamente assim, eu poderia observar, que os Avett Brothers concluem "Nós, americanos":

> Eu sou um filho de Deus e do homem
> E eu talvez nunca venha a entender
> O bem e o mal.
> Mas eu carinhosamente amo esta terra
> Por causa de e apesar de
> Nós, o povo.

Essa música é um hino de reconhecimento, apontando para a ironia da história americana; mas termina com um ato de contrição, buscando o perdão, com a esperança de viver em um futuro diferente.

Por fim, Niebuhr conclui com discernimento: "Essa fonte (e centro) divina deve ser discernida pela fé, por estar envolta em mistério, embora seja a base do sentido. Assim discernida, ela produz uma estrutura de sentido na qual a liberdade humana é real e válida, e não apenas trágica ou ilusória. Mas também se reconhece que o homem está constantemente tentado a exagerar o grau de sua liberdade e a se esquecer de que também é criatura".[43] Quando reconhecemos que estamos sempre firmemente localizados em um *quando*, uma pergunta urgente surge desse reconhecimento: *Em que momento nós estamos?* E onde está Deus nesse *quando*? Onde o Espírito está em ação em nosso agora?

Esse discernimento é bastante difícil. Niebuhr indaga acertadamente se alguma vez seríamos capazes de alcançar o "desinteresse" necessário para ler nosso presente, para discernir os rastros do Espírito pela história na qual estamos firmemente situados.[44] Para perceber a ironia, faz-se necessário algum afastamento. Será que isso é realmente possível quando estamos no redemoinho agitado do presente? Niebuhr considera possível, e sua evidência é o exemplo de Abraham Lincoln. "As responsabilidades de Lincoln impediam o luxo do simples desinteresse de um observador irresponsável. No entanto, seu profundo senso de caridade procedia de uma consciência religiosa cuja dimensão de sentido é diferente daquela do conflito político imediato".[45] O distanciamento de Lincoln da situação se tornou possível pelo fato de a história americana não ser a única história que ele habitava. Sua "consciência religiosa" — que, no caso de Lincoln, era uma sintonia claramente *teológica* — lhe proporcionou uma perspectiva da qual podia ver a ironia e o horror dos dois lados de uma guerra que "leem a mesma Bíblia e oram para o mesmo Deus", como Lincoln expressou em seu segundo discurso inaugural. Seu reconhecimento da ironia também produziu contrição; mas esse reconhecimento e essa contrição não impediram o discernimento e a ação. Pelo contrário, reconhecimento e contrição tornaram possível que Lincoln, ao mesmo tempo mostrando-se cauteloso e ousado, traçasse um curso de ação enraizado no discernimento: o fato de que a escravidão era um mal a ser abolido e superado. Essa convicção estava enraizada no discernimento, "com uma firmeza no que é correto, conforme Deus nos concede ver o que é correto".

O discernimento sempre envolve risco. Embora o trabalho de discernimento tenha de ser comunal, nunca haverá um consenso uniforme. O trabalho de discernimento nunca está completo porque o Espírito Santo está sempre em ação na história. Entrar em sintonia com o cântico do Espírito é transformar sua vida.

2

UMA HISTÓRIA DO CORAÇÃO HUMANO

Como aprender com fantasmas

> O tempo é a substância da qual sou feito. O tempo é um rio que me arrasta, mas eu sou o rio; é um tigre que me destrói, mas eu sou o tigre; é um fogo que me consome, mas eu sou o fogo.
>
> — JORGE LUIZ BORGES, "A new refutation of time"

O tempo é mais palpável do que se imagina. Pelo fato de termos quantificado e externalizado o tempo — no relógio em meu pulso, no telefone em meu bolso, na torre do relógio da prefeitura —, estamos acostumados a imaginar que o tempo foi padronizado. Medição é domínio. E esse domínio do tempo foi globalizado, com sistemas universalmente traduzíveis. Um dia tem vinte e quatro horas, não importa se em Pequim ou em Boulder. "Passaram-se a tarde e a manhã; esse foi o primeiro dia." E assim foram todos os dias que se seguiram.

Mas, então, um escritor como Barry Lopez nos lembra de que essa experiência do tempo não é universal. Até mesmo um "dia" é elástico, em certo sentido. A manhã e a tarde nem sempre chegam. Ele relata a aquisição dessa percepção em uma aldeia ártica:

Enquanto andava pela aldeia, percebi que nunca havia entendido isto: em um inverno boreal longínquo, o sol aparece lentamente no sul e então desaparece praticamente no mesmo local, como uma baleia se virando. A noção de que o sol "nasce no leste e se põe no oeste" simplesmente não é válida. A ideia de que um "dia" consiste em um amanhecer e uma manhã, uma tarde e uma noite é uma convenção, e ela é tão arraigada em nós que dificilmente refletimos a esse respeito; uma convenção de nossa literatura e nossa arte. O padrão não é o mesmo aqui.[1]

Em um cenário como este, as declarações do relógio parecem quase sem sentido. Objetividade nem sempre é a juíza do que é mais genuinamente verdadeiro. Se o corpo marca a contagem, também marca o tempo. Do que um corpo precisa e o que ele deseja na noite interminável de um inverno no Ártico? O que esse corpo recorda da sua esperança quando o sol turvava a vista? Certamente, o sol é apreciado após a longa escuridão do inverso. Mas será que sua recusa a se retirar durante o verão chega a se tornar algo opressivo? Será que é possível almejar o crepúsculo? Nós, os habitantes das regiões temperadas, indagamos como alguém consegue viver no escuro. Mas será que um corpo incessantemente iluminado anseia pela luz? Será que há repouso na escuridão?

Como Lopez observa, essa maleabilidade da manhã e da tarde altera o que significa crescer. "O Ártico recebe, curiosamente, a mesma quantidade de luz do sol, no período de um ano, que os trópicos, mas toda a luz vem de uma só vez e com a incidência em um ângulo muito baixo — sem muito vigor".[2] "De forma objetiva", você poderia dizer, o Ártico e o equador recebem a "mesma quantidade" de luz do sol. Obviamente, a diferença decisiva é *quando* e *como*. Nem sequer o sol ininterrupto de um verão ártico pode compensar pela noite. A "mesma quantidade" de luz não é igualmente distribuída, e uma vez que "praticamente a totalidade dos sistemas biológicos da terra depende da radiação solar", as diferenças em nossos dias e noites significam diferenças de possibilidade. O que conta como crescimento está associado a essa elasticidade do tempo.

As árvores no Ártico exibem uma aura de resistência implacável. Um corte transversal no tronco de um salgueiro de Richardson não mais grosso do que seu dedo pode revelar duzentos anéis de crescimento anuais sob a lupa. Grande parte da tundra, obviamente, aparenta não ter árvores, uma vez que, em muitos lugares, na verdade está coberta delas — um tapete grosso de salgueiros e bétulas baixos e antigos. Subitamente, você acaba percebendo que está perambulando *em cima* de uma floresta.[3]

E se os primeiros dezoito anos da sua vida fossem um inverno ártico? E se a luz na sua vida aparecesse tarde, em um ângulo oblíquo? E se a luz do sol desaparecesse ciclicamente de uma vida por noites que passam a impressão de nunca ter um fim? Ter um crescimento de apenas uma camada nessas condições é um feito. Acrescentar mais um anel — *perseverar* — é uma conquista. Alguns anos são mais longos do que outros.

Não compare suas árvores robustas de climas temperados com a floresta ártica do seu vizinho. Você não é capaz de imaginar a quantidade de energia implacável é necessária para esses brotos crescerem. Você talvez não consiga entender o que eles suportaram. Você não sabe quão antiga é essa floresta, quanto tempo ela passou envolta em escuridão.

E o que é ainda mais importante: não compare as árvores de sua existência que se assemelham às árvores da tundra com a floresta tropical equatorial de outro alguém. Deus não compara. Elas vivem em condições diferentes. O sol brilha sobre os justos e os injustos, mas não no mesmo ângulo ou com a mesma intensidade. Os brotos de bétula que perfuraram a crosta de sua vida em épocas anteriores são milagres da graça (lembra que você achava que nada poderia crescer ali?). Eles nunca passaram por um inverno como o seu. Eles não sabem quanto tempo sua noite durou. Pela graça de Deus, você suportou a escuridão.

• • •

No átrio do Grand Rapids Public Museum, suspenso bem acima do espaço em que trafegam grupos escolares num vaivém infindável, está o esqueleto de uma baleia de 23 metros. Nadando como um fantasma pelo espaço arqueado, o esqueleto articulado é mais fascinante que assombrador. De certa forma, o esqueleto sugere apenas uma vaga relação com o mamífero intimidador que imaginamos, essa coleção tosca de ossos apenas insinuando o animal enorme do qual ela veio.

O esqueleto apresenta uma arquitetura que encanta: uma simetria espantosa, uma beleza assustadora, mesmo que esse gigante gentil das profundezas tenha matado somente plânctons. Há certa graça até mesmo nesses ossos, a tranquilidade percebida de uma criatura dada a fluir. O branco-acinzentado de seus ossos passa uma impressão serena e pura — como se *estivesse destinado* a ser um esqueleto.

Eu nunca havia contemplado a violência desordenada que envolve um esqueleto de baleia até ler o livro *Touching this Leviathan [Tocando esse Leviatã]*, escrito por meu amigo Peter Moe.

Junto com uma equipe de estudantes, Moe — fascinado há muito tempo por baleias — tinha o sonho de recuperar, secar e reconstruir o esqueleto de uma baleia no edifício de ciências na Seattle Pacific University. Em seu livro, ele relata seu encontro com sua própria ignorância e ingenuidade:

> Eu achava que apenas cortaríamos a baleia, agarraríamos um osso e o puxaríamos. A baleia me ensinou — da maneira mais visceral possível — que os ossos estão ligados a tudo. Eles estão envoltos em músculos, tendões, ligamentos e nervos, e tudo isso precisa ser separado do osso e do corpo. E, por mais que tentasse, eu simplesmente era incapaz de produzir o mesmo entusiasmo desses biólogos. Ao longo do dia inteiro, vômito sobe pela minha garganta e então desce de novo. Quando isso acontece, faço uma pausa, sento e respiro o ar marítimo. Sou grato pelo vento.[4]

Os biólogos caçoam dele: "E aí, o que está achando, professor de inglês?", indaga um deles. "Bem diferente dos seus livros, não é mesmo?" Mas talvez não, Moe percebe. "Vejo-me como se estivesse lendo este corpo", reflete ele, "lendo-o como eu leria um dos meus livros, a própria baleia sendo uma espécie de biblioteca, até mesmo um arquivo".[5] O corpo da baleia tem uma história para contar: em suas cicatrizes e gordura, em seu estômago e ovários: onde ela estava, o que ela suportou. A baleia continua falando.

E aqui, até mesmo na morte, a baleia continua nos dando algo. Obviamente, temos extraído recursos das baleias há centenas de anos. Muitos dos seus nomes exibem o sinal da sua utilidade para os empreendimentos humanos.[6] Talvez as chamemos de monstros do mar — Leviatã! — para justificar nossa dominação sobre elas. Seja como for, o que a baleia produz para a necessidade humana tem sustentado civilizações desde o Ártico antigo até a Londres da Era Vitoriana. E aqui de novo, conduzida à costa, a carcaça da baleia cede seus ossos ao desejo humano.

Nem mesmo a morte faz a baleia parar de doar. Moe relata esta percepção de outra observadora de baleias:

> Em seu ensaio "The Hvalsalen", Kathleen Jamie visita o Museu de História Natural da Universidade de Bergen, que abriga uma miscelânea de caveiras e ossos de baleias, bem como 24 esqueletos completos que datam do século 19. Suspensos a partir do teto por correntes e barras de metal, os esqueletos continuam pingando óleo. "Pobres baleias", lamenta Jamie, "será que elas não sabem quando parar? O mesmo óleo que lubrificou as máquinas e iluminou as ruas e os salões, o óleo do sabonete e da margarina. Ali estavam elas, mortas por um século, ainda vertendo óleo!".[7]

Nosso passado não é passado; ele vaza no presente. Esqueletos no armário de gerações atrás ainda pingando, pingando e pingando em nossas vidas. Às vezes, isso alimenta possibilidades e oportunidades, acendendo uma lâmpada para nós. Às vezes, esses ossos pingam óleo de uma forma invisível no fogo de nossa inquietação e de nossa fúria. Um passado enterrado não está inativo. Ignorar o passado não é uma maneira de escapar dele. De fato, o passado enterrado tira mais do que dá.

A memória muscular é como uma história que vive no corpo. Como um caminho muito usado que vai do pasto ao celeiro; ao longo do tempo, rituais e ritmos repetidos criam um sulco ao mesmo tempo psicológico e fisiológico. Pode ser picar cenouras ou colocar tinta em um quadro ou amamentar um bebê. O que começa de forma laboriosa é substituído pela familiaridade. Pelo fato de termos feito algo repetidas e repetidas vezes no passado, podemos fazer novamente sem pensar a respeito. Uma facilidade e um domínio se estabelecem. Você seria capaz de fazer isso de olhos fechados.

Após ter passado minha adolescência pedalando, fanaticamente, bicicletas BMX *freestyle*, às vezes sinto que estou apertando um guidão como se fosse um membro fantasma do corpo. Às vezes, de olhos fechados, quarenta anos depois da minha adolescência, sou capaz de lembrar exatamente o que sentia quando uma bicicleta deixava a segurança de uma rampa e ousava aventurar-se em direção ao céu. Consigo sentir a pressão da curvatura da rampa enquanto acelero em direção à ponta de decolagem da rampa. Consigo ouvir o som do atrito dos meus pneus no compensado da rampa e, então, o silêncio nítido na hora em que deixam a rampa. Ainda consigo recordar o que parecia uma audácia de voar, mas também os fluxos do meu corpo e da minha bicicleta entrelaçados no ar. A contorção arrebatadora de uma "olhada para trás" que arremessava a bicicleta acima e atrás de mim quando eu torcia meu corpo para enxergá-la antes de se endireitar e voltar à terra. Posso assegurar-lhe que houve momentos em que eu, deitado sozinho no sofá na casa, aos quarenta anos de idade, fechava meus olhos e, então, meu corpo repetia esses movimentos que conhecia tão bem, minhas pernas e meus braços estendidos, pedalando uma bicicleta fantasma, subindo uma rampa perdida na história.

Às vezes, um corpo se lembra do que ele não é mais capaz de fazer. A memória muscular nem sempre corresponde à capacidade muscular. Os hábitos do meu corpo ultrapassam sua própria capacidade. Nas palavras daquele comandante em *Top gun*, às vezes meu ego assina cheques que meu corpo não pode cobrir.

Muitos anos atrás, certamente em um ressentimento de nostalgia de meia-idade, comprei uma bicicleta BMX freestyle usada. O sentimento de apertar os guidões foi imediatamente familiar. A geometria da bicicleta me fazia sentir em uma casa que eu não visitava havia décadas. Meu corpo estava borbulhando *know-how* diante das lembranças reprimidas de manobras muito específicas, como "cortador de grama", "a década", "chicote de cauda". Assim, deslizei esperançosamente pela entrada de carros da minha casa em direção à rua para dar vazão à minha destreza. A revelação que se seguiu — que não é surpresa para ninguém, exceto para mim mesmo — foi visceralmente irritante. O corpo de fato *recordou*; ele só não foi capaz de executar. A humilhação não foi apenas o fato de eu não dominar mais a bicicleta, mas o de não dominar mais meu próprio corpo. Sou o portador de desejos que ultrapassam essa estrutura mortal.

Em virtude de nossas histórias, nossos corpos escrevem enredos que nem sempre podemos expressar na vida. Carregamos habitualidades anacrônicas, deslocadas em relação ao tempo em que nos encontramos. Pelo fato de nadarmos no fluxo do tempo, nossos corpos carregam hábitos de intenção e de desejo nem sempre alinhados com o nosso presente — às vezes eles estão desalinhados com nossa versão presente de nós mesmos. Poderiam ser respostas a traumas cultivados a partir de uma época passada da vida que estão radicalmente deslocados de nosso presente e, mesmo assim, persistem, deixando perplexos aqueles à nossa volta. Mas isso também poderia ser uma situação na qual somos pegos de surpresa para nos inclinarmos à oração porque acreditávamos ter deixado a fé há muito tempo. Ou poderíamos pegar o telefone para ligar para um amigo, em busca de comunhão, apenas para nos lembrarmos de que ele morreu oito meses atrás. Ou interagimos com nossos filhos como sempre interagimos — como protetores ferrenhos, guias morais, diretores da vida —, ainda que eles agora já tenham mais de trinta anos e precisem de algo diferente de nós. A situação é não apenas que o passado está conosco, mas que ele persiste de formas que destoam do nosso presente.

Essa é a razão de você não poder voltar para casa de novo:[8] porque o *você* que chega não é o *você* que partiu, e a casa que você deixou não é a casa para a qual você volta. A festa estridente para receber o filho pródigo de novo em casa não desfará imediatamente os hábitos formados em um país distante. Mas pedaços de casa foram com o filho pródigo para aquele país distante, e foi essa história arraigada que acabou servindo para despertá-lo para quem ele era, reconduzindo-o de volta à sua casa.

Nossos corpos não são apenas relógios; eles são cápsulas do tempo, mas cápsulas do tempo que, como aqueles esqueletos de baleias que pingam, continuam emitindo possibilidades em nós. Nossa maneira de experimentar o mundo — que é uma amálgama singular de ambiente, experiências, aptidões e traumas — nos lega possibilidades, disposições, desejos, esperanças que residem em nós como memórias musculares espirituais. Aquilo a que aspiro é um fator do que herdei. O que imagino como um futuro possível — até mesmo o que posso ouvir como um "chamado" — é reflexo do que meu passado tornou imaginável. Nosso *agora* sempre nos é legado.

● ● ●

Cada um de nós é uma faixa de Möbius de passado e futuro. Penso que o filósofo alemão Martin Heidegger nos ajuda a compreender essa dinâmica (uma intuição que, certamente, reflete minha própria história). Heidegger argumenta que o próprio *ser* de ser humano é ser *possível*.[9] Mas isso não é uma possibilidade como uma página em branco, apenas uma "possibilidade lógica vazia". Nós, seres humanos, já estamos "alinhados" com o mundo de um modo definido. "Como essencialmente alinhados", diz Heidegger, já estamos arremessados em possibilidades específicas.[10] A maneira que cheguei aqui por meio do mundo significa que minhas possibilidades para o futuro já se combinaram de formas específicas — como aquelas florestas árticas. Isso não significa que meu futuro esteja estabelecido ou completamente decidido de antemão. É mais como concreto em seu estado líquido: ele foi despejado em um molde, mas, ainda assim, você pode gravar algo nele, moldá-lo conforme suas decisões. Em virtude dos modos pelos quais fui sintonizado com o mundo, meu ser-em-direção-ao-futuro já foi regulado de certas maneiras, tanto em relação à disposição que levo como em relação aos horizontes de possibilidades que estão disponíveis para mim. Com base em um conceito que encontramos antes, Heidegger tem um termo ótimo para isso: *possibilidade lançada*. A dificuldade do fenômeno que ele está tentando caracterizar explica, em parte, sua linguagem um tanto complicada, mas é proveitoso considerar a percepção, apesar da dificuldade. Aqui está a forma em que Heidegger tenta captar isso:

> Como uma potencialidade para ser que eu *sou*, deixei algumas possibilidades passarem; constantemente adoto as possibilidades do meu ser, agarro-as e me desencaminho. Mas isso significa que sou [um] sendo-possível confiado a mim mesmo, *possibilidade lançada* por inteiro. Sou a possibilidade de ser livre *para* minha mais suprema potencialidade pessoal de ser. Ser-possível é claro para mim de várias maneiras e em muitos graus possíveis.[11]

Somos coleções de potencialidades, mas as possibilidades não são infinitas. Somos lançados em um tempo e em um lugar, lançados em uma história que é a nossa história, e essas coisas formam os horizontes de possibilidade para nós — nossa auréola temporal anteriormente descrita. Isso é menos uma limitação e mais um foco, uma especificidade com que fomos presenteados. Este canto da terra que me foi dado para lavrar. Estes vizinhos que sou chamado para amar. Estes talentos que sou exortado a estimular. Essa vizinhança na qual devo gerar um futuro. "Vá com seu amor para os campos",[12] pois os horizontes que são seus limites não o estão separando de algo, mas confiando-o a *este* campo de possibilidade. O que é lançado em sua direção é o que você *pode* fazer.

E você não sabe o que está por vir ("Ninguém sabe o que está por acontecer", ensina o Mestre, "quem poderá dizer a outrem o que lhe acontecerá depois?", Eclesiastes 10:14). Seus horizontes não são estáticos, pois você é essencialmente potencialidade-para-Ser. O futuro está em constante desenvolvimento, e o que era futuro se torna o passado que o arremessa na direção de novas possibilidades. Essa dinâmica de *possibilidade lançada* continua se desenvolvendo ao longo de uma vida inteira. A formação nunca termina. Meus horizontes não se petrificam aos vinte anos, nem mesmo aos cinquenta. É impossível para mim saber como são as condições ambientais que serão *lançadas* em minha direção no futuro e como reconfigurarão meus horizontes. Ainda existem novos hábitos em meu futuro que ainda não sou capaz de prever.

Refletir sobre minha história pessoal é como examinar estratos arqueológicos; as camadas da minha identidade são possibilidades nas quais vivi. O que posso imaginar, escolher e esperar é um fator do que herdei. O significado para mim de ser *trans*formado é um elemento de como fui formado. Não sou um papel em branco de força de vontade; tampouco sou um robô programado por um passado.

Essa natureza situada da condição humana não é uma surpresa para Deus, que nos alcança nessas condições, nesses horizontes. Em última instância, confiar-nos a Deus é confiar que foi Deus quem nos lançou nisso. Isso não anula a contingência ou a especificidade de nossas histórias; mas nos assegura da presença divina *em* nossas histórias. A graça de Deus não nos eleva acima das vicissitudes do fluxo do tempo; o que acontece é que o Deus que aparece na plenitude do tempo agarra tudo o que foi lançado em nossa direção de tal modo que nos arremessa para um futuro que poderia ser nosso apenas porque temos vivido esta vida que Cristo redime.

Embora o arrependimento seja uma mudança de direção, não deve ser confundido com um remorso nostálgico quanto à vida lançada em nossa direção. Em termos gerais, dissemos que a nostalgia com frequência é a versão romantizada de um passado. Em termos individuais, embora nossa cultura romantize a infância e a adolescência, há uma versão mais insidiosa da nostalgia e que é seu lado negativo: a *vergonha*.[13] A vergonha é uma inimiga abominável da graça que prospera a partir de nosso gesto de olhar para trás. A vergonha não para de estender nosso pescoço para olharmos para nosso passado com os olhos abaixados, como uma vida a ser lamentada. Há formas extremamente espiritualizadas dessa obsessão que se disfarçam de santidade. Mas a verdade é que essa é a antítese da graça. A vergonha vive da mentira do autoaperfeiçoamento espiritual, sendo a razão de o meu passado ser visto como uma falha. A graça vive da verdade da misericórdia de Deus, que opera milagres — meu passado e minha história são absorvidos em Deus e em sua história. Deus está escrevendo um novo capítulo da minha vida, e não começando um novo livro e jogando fora o primeiro rascunho da minha existência até aqui. A vergonha nega que nossa própria existência seja *possibilidade*, enquanto a graça, por natureza, *é orientada ao futuro*. A graça são as boas-novas de possibilidades insondáveis.

A presença santificadora de Deus na minha vida não apaga o que veio antes. De fato, o que Deus preparou para mim *depende daquilo* que veio antes. Minha história pessoal não é algo a ser lamentado; é algo que Deus pode utilizar de formas que eu jamais poderia imaginar.

Obviamente, nada disso explica ou justifica os traumas que sofremos. A graça não é uma mágica retroativa que transforma o mal em bem. A luz do Domingo de Páscoa não apaga as sombras longas e escuras do Sábado de Aleluia. A graça não justifica o mal; a graça o *supera*. O fato de sermos "mais do que vencedores" não torna o tormento uma bênção ou a espada um arado (Romanos 8:35-37). O que muda é quem está *conosco* e o que Deus pode fazer com nosso sofrimento. A vergonha me ensina a olhar para meu passado e enxergar algo terrível que me faz lamentar minha existência. Na graça, Deus olha para meu passado e enxerga o esboço de uma obra de arte que ele quer terminar de pintar e mostrar ao mundo.

Nas mãos desse artista, todas as minhas fraquezas são potenciais pontos fortes, as proverbiais rachaduras que deixam a luz entrar.[14] Até meus pecados e dificuldades contêm a possibilidade de compaixão e simpatia. Apenas esse Deus poderia tornar até mesmo meus vícios o solo no qual ele seja capaz de fazer crescer a virtude.[15] Às vezes, apenas uma história de orgulho e arrogância pode produzir uma humildade tão profunda que revele algo de Deus ao mundo. Às vezes, ser abandonado gera o compromisso mais ferrenho com a permanência. Talvez você tenha crescido em uma família em que ninguém cumpria suas promessas, mas, pela graça de Deus, em você isso se transformou em uma determinação tenaz de ser fiel aos seus votos. Talvez seja sua experiência dolorosa com a exclusão que torna você um defensor extremamente apaixonado da inclusão.

A vergonha quer que lamentemos nossa condição de lançados; a graça deseja que a vejamos como uma *possibilidade* lançada. A nostalgia quer desfazer o tempo, fazê-lo retroceder, como se isso fosse algum tipo de recuperação. A graça quer liberar nossa história para um futuro com Deus que só poderia ser nosso — para vivermos na versão de nós mesmos de que o mundo precisa.

Essa nostalgia se disfarça de recuperação. Mas ela é, na realidade, uma receita para a perda. O preço oculto de obter o que a nostalgia deseja é perder o que você recebeu. Essa é a percepção pungente do poema extraordinário de Nicholas Sama, *Beloved ghosts of geography* [Benditos fantasmas da geografia]:

> O que você daria para andar de novo
> pela estrada Foxton Station, batendo
> à porta de uma casa de conjunto de Lionel Looker?
> O que você daria para voltar a ter quatro anos,
> e se sentir no colo de Deus no prado ao lado?
> O que você daria para ver os fantasmas
> das crianças da aldeia brincando no pátio da escola?
> O que você perderia para trazer de volta um tempo e uma terra
> em que era possível acreditar em tudo?
> A segurança de uma aldeia congelada no tempo.
> O que você deixaria para viver com seu pai de cabelo grisalho
> nos despenhadeiros elevados de Requa?

O que você daria
para o céu ser como você o imagina,
constituído pelo familiar e o aconchegante?
O que você dará é sua vida
para ter sua vida de volta.[16]

Fazer uma vida retroceder é perdê-la; obter o que a nostalgia almeja é perda. Ter sua vida de volta seria perder tudo o que se desdobrou em sua vida e que Deus deseja usar.

A vergonha — o que estou chamando de "lado negativo da nostalgia" — também fica olhando para trás, mas de uma maneira que paralisa, esmaga, desanima. Se a nostalgia romantiza o passado como êxtase, a vergonha é incapaz de imaginar um futuro *para* nosso passado.

A graça, poderíamos dizer, é como um pássaro Sankofa.[17] Um símbolo importante da religião Acã em Gana, Sankofa é uma ave majestosa com a cabeça voltada para trás por cima do seu ombro, para que possa olhar para trás. Mas a ave está se movimentando para frente, atenta ao passado. Na sua boca, ela leva um ovo ou uma semente, que significa vida vindoura. É um símbolo com uma orientação fundamentalmente *futura*, que voa para frente, que carrega as sementes da possibilidade. O ato de olhar para trás não é um desejo de voltar, mas uma consciência de até onde se veio a fim de viver bem no futuro. O símbolo é acompanhado de um provérbio: *Sankofa w'onkyir*. Uma tradução literal seria: "Volte e vá buscá-lo". Da mesma forma, Deus não quer desfazer nosso passado; tampouco quer que habitemos nostalgicamente no nosso passado; a graça de Deus volta para buscar nosso passado por causa do futuro.

● ● ●

Tudo que dissemos sobre nossa temporalidade coletiva no capítulo 1 também se aplica ao indivíduo: a realidade da contingência, nossa condição de lançados e a relevância de habitualidades adquiridas que preparam nosso ser-no-mundo. As tentações da nostalgia e do desespero são tão reais para indivíduos como para coletividades, ameaçando distorcer nosso autoentendimento e como imaginamos a vida em Cristo.

No nível micro do indivíduo, a confusão espiritual do cristianismo de "tempo nenhum" se expressa no que poderíamos chamar de "página--em-branquismo". Certos mitos de conversão alimentam isso, como se a conversão fosse como reiniciar um personagem em um videogame, apagando o que veio antes. Essas formas de cristianismo a-históricas, atemporais e de lugar nenhum — com frequência, legados híbridos do avivamentismo e do modernismo — imaginam que a "vida cristã" como tal é uma substituição tão radical da vida anterior que ficamos confusos com a permanência de hábitos (essa é a razão de isso muito frequentemente se transformar em legalismo moralista). De forma lamentável, isso muitas vezes equivale a uma versão espiritualizada do "supere isso".[18] As particularidades e contingências de nossas histórias pessoais são eliminadas por uma versão da graça que, em vez de nos salvar, simplesmente apaga esse "eu" que tem um passado.

Evidentemente, "se alguém está em Cristo, é nova criação" (2Coríntios 5:17). No batismo, somos sepultados, e ressuscitamos para uma novidade de vida (Romanos 6:4). Mas a nova criação é uma ressurreição, e não uma reinicialização; sabemos disso por causa das cicatrizes. Assim como o Cristo ressurreto carrega as marcas de suas feridas — sua "história" com o Império Romano —, a ressurreição de uma nova pessoa em Cristo é a ressurreição de uma pessoa com um passado. O "eu" é salvo apenas se *esse* eu, com *essa* história temporal, ressuscita para uma nova vida. Se tudo o que vivenciei até então foi simplesmente apagado pela graça, então "eu" estou perdido, e não redimido. Se tudo o que me tornei, aprendi, adquiri e experimentei foi simplesmente anulado e esmagado pela graça, então a salvação seria uma obliteração, e não uma redenção.[19] O Deus que salva é o Deus que chama e nos comissiona para um ministério de reconciliação; e, nesse chamado e nessa comissão, Deus quer liberar as constelações singulares de talentos e experiências que me fazem ser quem eu me tornei. Quando há interseção entre uma amálgama da minha história — incluindo seus traumas e feridas — e o poder renovador do Espírito, uma reação química de possibilidade está à espera. Essa possibilidade é um *chamado*: as "boas obras, as quais Deus preparou de antemão para que nós as praticássemos" (Efésios 2:10). Cada um de nós é um *poiēma* singular, Paulo nos diz: uma obra de arte singular, original e exclusiva precisamente porque apenas esse "eu", com essa história, poderia ser a pessoa que Deus pode usar dessa maneira. Por causa do meu passado, o Espírito renovador de Deus pode gerar em mim percepções, empatia e atenção que são exatamente aquilo de que alguém precisa no mundo.

A graça não é uma máquina do tempo. A graça não é um botão de reinicialização. A graça é algo ainda mais inacreditável: é restauração. É uma reconciliação de, e apesar de, nossas histórias de animosidade. A graça não é apagamento; é superação.

● ● ●

A estranha combinação de acumulação e arremesso que é nossa temporalidade se expressa na experiência coletiva de um "nós". Quem nós somos está inescapavelmente unido a quando nós somos. Mas isso também se aplica ao microcosmo, ao drama minúsculo que é a minha vida. Admitir minha temporalidade significa encarar os legados de acontecimentos, ambientes, condições e decisões que levaram a este *agora*. Embora cada momento desperto esteja repleto de possibilidades, essas possibilidades são *focais*, concedidas como os horizontes nos quais eu me vejo: amplos, mas também com limites. A compreensão dessa realidade leva tempo. Quando você se vê diante de uma abundância de possibilidades aos vinte e poucos anos — de fato, quando sua vida aparenta ser esmagadoramente futura —, é quase impossível entender essa limitação da vida imposta por um passado. Somente com uma história de decisões uma pessoa chega à compreensão do que ela fez.

A formação dessa percepção é bem captada em uma cena da preciosidade que é o romance *The life of the mind* [A vida da mente], de Christine Smallwood. A protagonista, Dorothy, está chegando à meia-idade, aprendendo a deixar o passado, percebendo que as possibilidades estão se estreitando ou pelo menos se inclinando a direções definidas.

Certa noite, no teatro com uma amiga mais nova, Dorothy vê duas posturas muito diferentes em relação a possibilidades, duas maneiras distintas de habitar o tempo:

> Dorothy estava na idade em que escolhas se revelavam como erros, cada vez mais adquirindo uma aura de irrevogabilidade. Para Rachel, as tragédias da vida ainda tinham uma qualidade prematura e antecipada; elas eram românticas. Ela olhava para o futuro, tendendo a um clímax glorioso de amor ou morte. Rachel não entendia o pequeno, burocrático e cotidiano tempo presente.[20]

Esse "tempo presente" ainda é contingente, o que significa que contém possibilidades. O futuro ainda está em aberto. Mas observe que ele é "pequeno", ou pelo menos menor do que era, por causa de um legado das próprias decisões de Dorothy, que foram tomadas em situações lançadas em sua direção.

A melancolia é uma tentação natural ao percebermos isso, e talvez haja uma clara melancolia que nos perturba na meia-idade, quando, de forma irônica, algo sobre o passado fica claro para nós. Karl Knausgaard capta a triste ambivalência nessa percepção:

> Absolutamente todo momento da vida está aberto em várias direções [...], como se tivesse três ou sete portas, como em um conto de fadas, para cômodos diferentes, todas elas contendo futuros diferentes. Esses ramos hipotéticos de tempo cessam de existir sempre que fazemos uma escolha, e nunca existiram em si mesmos, algo como os rostos desconhecidos que vemos em sonhos. Embora o passado esteja perdido para sempre, tudo o que não aconteceu está duplamente perdido. Isso cria um tipo particular de sentimento de perda, a melancolia de um passado não realizado. O sentimento passa uma impressão de ser elaborado e desnecessário, algo para nos satisfazer a alma desocupada e protegida, mas ele está fundado em uma percepção e em um anseio fundamentalmente humanos: tudo poderia ter sido diferente.[21]

COMO HABITAR O TEMPO

Reconhecer a contingência sem melancolia ou mal-estar é uma das disciplinas mais difíceis da contagem espiritual do tempo.

• • •

A graça, dissemos, é superação. Ela não desfaz. Não apaga. Ela não lamenta o passado, mas o supera. Há algo escandaloso no modo de Deus usar essa contingência em nossa vida — até mesmo o desgosto e o sofrimento, o mal e a injustiça — e transformá-la nessa vida singular que é *minha*, que sou *eu*.[22] É este *eu*, o fruto de zigue-zagues, pontos e cicatrizes, que então é renovado, capacitado, *chamado*. Eu sou a única coisa que poderia ser.

Nada disso serve como justificativa ou pretexto para os desgostos da vida. Ser humano é ser produto de uma história que deveria ter sido diferente: isso é o que significa viver em um mundo fora dos eixos por causa do pecado e do mal. No entanto, agora eu sou o *eu* com essa história, e, sem ela, eu seria outro alguém.

Sou incapaz de contar quantas vezes ouvi a música de Brandi Carlile *Every time I hear that song* [Toda vez que ouço esta canção]. Ou todas as vezes que chorei no carro ou na cozinha. Não estou exagerando ao dizer que a música tem sido como um sacramento para mim: ela me fez comungar da graça de uma forma que me seria desconhecida sem a música — um hino que tornou o inimaginável imaginável. Ela é, em última instância, uma música de superação. Mas há um tom de angústia que a perpassa. Como uma versão sonora da *madeleine* de Marcel Proust, o tom de angústia é emitido da tumba da memória por uma música.

> A propósito, eu perdoo você
> Afinal de contas, talvez eu devesse lhe agradecer
> Por me dar o que encontrei
> Pois sem você por perto
> Eu tenho estado muito bem
> A não ser toda vez que ouço essa canção.[23]

84

Posso lhe dizer que a primeira vez que ouvi essa música fiquei escandalizado, até mesmo furioso com o fato de alguém estender o perdão a uma pessoa que havia causado tanta dor. Mas, aos poucos, essa fúria foi dando espaço à admiração: que enorme feito de superação exibir a força graciosa de estender o perdão como um aparte! "A propósito, eu perdoo você", como uma bênção apresentada por alguém ancorado, vivo e *forte*.

No entanto, lá pela trecentésima vez ouvindo a música, foram os versos seguintes que começaram a me assombrar: talvez eu devesse agradecer àquele que fez isso? (esse "talvez" é importante: ele atinge o mistério tenebroso do que está acontecendo aqui). Até mesmo esse passado me deu algo, *tornou-me* algo. Sou quem eu sou *por causa* de você e, de uma forma surpreendente, vim a amar este *eu* que me tornei. Ainda que você tenha tirado algo de mim, na economia extraordinária da graça de Deus, eu recebi algo. Então, obrigado? Formular a gratidão como uma pergunta é uma maneira de me persuadir a exibi-la. Querer superar é o início da superação.

● ● ○

Histórias mais profundas vivem em nós. Todo coração é uma cripta e um baú de esperanças passados adiante. Abrigamos esqueletos enterrados há muito tempo e aspirações dos nossos ancestrais cuja esperança era que vivenciássemos seus sonhos. As relíquias da vida do meu avô talvez estejam guardadas em uma caixa no meu porão; mas quanto dele está contido em mim?

A formidável autobiografia de Margareth Renkl, *Late migrations* [Migrações tardias], tem o subtítulo *A natural history of love and loss* [Uma história natural de amor e perda]. Os ciclos da natureza são organizados ao lado da história natural de uma família: nascimento e morte, geração e declínio, surgimento e desaparecimento, alegria e tristeza. Em um trecho posterior à segunda metade do livro, Renkl observa algo notável na migração das borboletas:

> Borboletas-monarcas migram como aves, mas essas borboletas levam quatro gerações, às vezes cinco, para completar o ciclo todo ano: nem

uma só borboleta vive o suficiente para fazer a viagem inteira de ida e volta, que consiste em ir do México para seu local de reprodução, no Norte, e voltar. Os entomologistas ainda não entendem o que faz gerações sucessivas seguirem o mesmo trajeto que seus ancestrais seguiram.[24]

Aqui, poderíamos dizer, ecoando Niebuhr, que observamos a ironia da história *pessoal*: tudo o que sou capaz de sonhar, ansiar e perseguir no futuro só é possível em virtude do que me foi legado por meus antecessores. Há um mistério de herança em ação aqui: certamente sou um herdeiro de disposições e hábitos e até mesmo de pretensões de ancestrais que nunca encontrei. A graça de Deus possibilita que eu me torne amigo até mesmo de meus fantasmas.

SEGUNDA MEDITAÇÃO

ECLESIASTES 7:10-14

[10]Não diga: "Por que os dias do passado

foram melhores que os de hoje?",

pois não é sábio fazer esse tipo de pergunta.

[11]A sabedoria, como uma herança, é coisa boa,

e beneficia aqueles que veem o sol.

[12]A sabedoria oferece proteção,

como o faz o dinheiro,

mas a vantagem do conhecimento é esta:

a sabedoria preserva a vida de quem a possui.

[13]Considere o que Deus fez:

Quem pode endireitar o que ele fez torto?

[14]Quando os dias forem bons, aproveite-os bem; mas quando forem ruins, considere: Deus fez tanto um quanto o outro, para evitar que o homem descubra alguma coisa sobre o seu futuro.

Quanto tempo será que passou até o canto de nostalgia da sereia ser entoado? O exílio do jardim foi suficiente para a nostalgia levantar sua cabeça? Será que ela é ainda mais antiga? Será que Adão alguma vez recordou saudosamente a paz e a tranquilidade da criação, antes de suas manhãs serem arruinadas por galos e o ruído incessante de esquilos o ensandecerem, desejando que ele pudesse fazer o tempo voltar? Será que Eva alguma vez ficou pensando sobre os tempos pré-serpente como "a época boa que não volta mais"? Será que eles alguma vez ficaram se lastimando com "como seria bom se", "lembra quando" e "naquela época"?

O mestre está extremamente familiarizado com o encanto de nostalgia. Ao escrever Eclesiastes, "Era melhor lá no Egito" já era uma das músicas clássicas de Israel, repetida em novas versões, geração após geração. O conselho do Mestre aqui é sutil, mas radical: não faça a pergunta "por que os dias do passado foram melhores que os de hoje?" (Eclesiastes 7:10), recomenda ele. No entanto, o problema não é a reposta; é a própria pergunta. Essa é uma "pergunta rasteira", no sentido técnico do termo — uma formulação falaciosa, por introduzir uma pressuposição na própria forma da pergunta. Dar uma resposta é aceitar essa pressuposição, e é precisamente a pressuposição que deve ser negada. Não é sábio fazer essa pergunta porque parte de uma pressuposição falsa. O mestre não está repreendendo um espírito curioso ou investigativo; ele não está reprimindo duramente: "Não faça perguntas!". O Mestre está repreendendo a nostalgia, a pressuposição tola de que o passado era melhor. Esse ponto de partida é insensato, adverte ele.

A sabedoria, ele nos lembra, é como uma herança: é acumulada e transmitida. A sabedoria é o fruto paciente do tempo que passamos como mortais. Como tal, a sabedoria é, por definição, basicamente o que você não tinha nos "dias do passado". Todo impulso nostálgico de fazer voltar o tempo é uma disposição insensata a sacrificarmos tudo o que aprendemos até agora. Este é o paradoxo da temporalidade: ser é tornar-se; tornar-se é perder e ganhar. A "época boa que não volta mais" só é tentadora quando você se esquece de quão insensato era. Você não pode voltar e não perder as vantagens que obteve.

Você pode perceber como o mestre entrelaça sabedoria e humildade aqui. De uma forma também encontrada em Sócrates, a sabedoria é saber quanto você não sabe, reconhecer o que você não pode saber, abandonar o desejo e a arrogância de habitar algum lugar acima do tempo. Este é um conselho para mortais, para "aqueles que veem o sol": examine o que Deus fez. Há um mistério inexplicável nisso. Você não poderia ter imaginado sua vida, suas curvas e encruzilhadas, seus zigues e seus zagues. A natureza torta de sua vida improvável não é uma falha. As estradas pelas quais você avança vagarosamente não são erros. A rota em círculos que aparentava não estar indo a lugar nenhum era uma ferrovia em zigue-zague subindo uma montanha. A linha recortada de sua história percorre o caminho da companhia e do cuidado de Deus. Quem, de fato, pode endireitar o que Deus fez torto? E por que você gostaria que isso fosse mais reto? Observe o que Deus fez: aquela linha torta é uma linha que ele traçou com você.

Não imagine que seus dias são uma medida da presença ou da ausência de Deus, de sua bênção ou de sua maldição. "Quando os dias forem bons, aproveite-os" (Eclesiastes 7:14). E quando os dias são ruins? De novo, o conselho é contemplar: "considere". Observe. "Deus fez tanto um quanto o outro". A questão não é se estamos vivendo em algum tempo divino e especial. Como Annie Dillard nos recorda: "O absoluto está disponível a todas as pessoas em todas as épocas". A experiência do tempo é tão democrática que nem sequer os plutocratas e bilionários podem escapar dela. O mestre depois descreve isso com uma cadência quase shakespeareana:

> Percebi ainda outra coisa debaixo do sol: os velozes nem sempre vencem a corrida; os fortes nem sempre triunfam na guerra; os sábios nem sempre têm comida; os prudentes nem sempre são ricos; os instruídos nem sempre têm prestígio; pois o tempo e o acaso afetam a todos. Pois ninguém é capaz de saber quando virá o desastre. Assim

COMO HABITAR O TEMPO

como os peixes são apanhados numa rede fatal e os pássaros são pegos numa armadilha, também os homens são enredados pelos tempos de desgraça que caem subitamente sobre eles (Eclesiastes 9:11,12, com modificações).

Ter sabedoria é reconhecer nossa mortalidade, nossa vulnerabilidade comum, nossa comunhão nesse mar de *cronos*. Para nós, mortais, "aqueles que veem o sol", o tempo não faz acepção de pessoas. Mas tampouco Deus o faz, aquele que, em todo o tempo, está tão próximo quanto nosso coração (Deuteronômio 30:14).

3

AS DOBRAS SAGRADAS DO *KAIRÓS*

Como (não) ser contemporâneo

> É perfeitamente verdade, como os filosóficos dizem, que a vida deve ser entendida em retrospectiva. Mas eles se esquecem da outra proposição, de que ela deve ser vivida em prospectiva.
>
> — SØREN KIERKEGAARD

No tesouro da arte da igreja, você encontrará diversas imagens curiosas em que pessoas e lugares, apesar de estarem separados por séculos, aparecem lado a lado.

Em *O enterro do conde de Orgaz*, a pintura monumental de El Greco na igreja de São Tomé, em Toledo, o pintor nega a distinção entre passado e presente, assim como nega a distinção entre céu e terra. O prefeito do século 14 de uma cidade espanhola é depositado na tumba por Santo Agostinho (século 5) e Santo Estêvão, um mártir do primeiro século. Apesar de aparecer nessa cena mais de mil anos depois, o que vemos é um Santo Estêvão surpreendentemente novo, e suas vestimentas de ouro cintilantes incluem um lembrete vívido de seu apedrejamento. Por outro lado, Santo Agostinho, habitando o mundo séculos depois, aqui aparece envelhecido, mas vigoroso e forte o suficiente para segurar o conde com sua armadura ao ser colocado em sua tumba. Eles estão cercados pela nobreza de Toledo que comparece ao funeral, cujos olhares dançam sobre a fronteira entre o céu e a terra, o futuro e o presente. Alguns olham para baixo, contemplando a perda; alguns lançam os olhos furtivamente para cima, intrigados. É difícil saber o que seus olhares significam: acaso estão indagando? Preocupados? Ansiando? Esperando? Eles podem ver o céu povoado acima, com Maria e João Batista intercedendo diante do Cristo Ascendido, Pedro e Paulo comparecendo e incontáveis santos lado a lado flutuando sobre nuvens em tom de lilás?

Há algo estranho relacionado ao tempo nessa pintura que se eleva acima de um espaço destinado à oração. O que El Greco alcança não é simplesmente uma "eternização" insípida que despe os humanos de sua história. Cada figura carrega os sinais de sua vocação histórica. Sabemos quem são essas figuras porque elas contêm símbolos do que experimentaram *na* história: o apedrejamento de Estêvão, o pano de saco de João Batista, as chaves do reino prometidas a Pedro. O que possibilita El Greco reunir todas elas nessa única cena abrangente não é uma diminuição da história, mas algum tipo de curvatura no tempo, que se dobra na direção daquele que nasceu na história "na plenitude do tempo" e que é, ao mesmo tempo, antes de todas as coisas e o fim de todas coisas. Ao recordarmos que essas imagens quase sempre eram pintadas para lugares sagrados, a observação de Olivier Clément é apropriada: "A dança da liturgia não busca a dissolução do tempo em uma eternidade estática que é ao mesmo preexistente e coexistente. Ao contrário, a liturgia da Igreja revela e celebra a eternidade genuína que, em vez de se opor ao tempo, é revelada no próprio cerne da existência temporal".[1]

No tumulto temporal da obra-prima de El Greco, o futuro toca o presente, assim como a ressurreição alcança a tumba. O céu "acima" também é um futuro *vindouro*, um futuro que é agora. Como um crítico observa, no centro da pintura vemos um anjo segurando a alma infante de Orgaz "por uma espécie de canal de parto de nuvens que chega ao céu", renascido na morte.[2] A luz desse futuro ilumina todas as faces ao olhar para ela no presente abaixo. O tempo aqui é dobrado e curvado.

Podemos observar uma dobra temporal semelhante nas obras de Gaspar de Crayer, pintor flamenco do século 17. Por exemplo, na Abadia de Norbertine, em Averbode, na Bélgica, você encontrará sua pintura de 1655, *Birth of Christ with Augustine and Norbert* [O nascimento de Cristo com Agostinho e Norberto]. Ao lado da manjedoura, tendo baixado suas coroas e apresentado seus presentes, esses santos de séculos posteriores se ajoelham diante de Maria e da criança. Como na canção natalina sobre o menininho com seu tambor, Santo Agostinho simplesmente oferece seu coração em chamas. São Norberto, que gratamente recebeu a Regra de Santo Agostinho como sua própria regra de vida, oferece sua veneração. O presépio está rompendo séculos.

Em uma pintura anterior, agora no Museu de Arte de Viena, de Crayer executa uma cena semelhante que comprime vários séculos em um só momento emoldurado.[3] No que passa a impressão de ser uma graça especial, Maria está finalmente cercada por mulheres. Maria Madalena, Santa Doroteia e Santa Catarina a acompanham como uma mulher sábia, levando presentes de flores e frutas, o aroma da adoração que também exala amizade. Agostinho é representado a certa distância à direita, embaraçado e desconfortável, como se não tivesse acesso à comunhão compartilhada por essas mulheres. Maria aparenta estar um pouco menos interessada no coração dele em chamas do que na comunhão dessas mulheres.

Exemplos desse tipo poderiam ser multiplicados quase infinitamente. Se você visitar qualquer igreja toscana ou capela barroca, haverá uma forte probabilidade de encontrar cenas que neguem as regras da história e até mesmo as leis da física (ao menos newtoniana). Assim, o que está acontecendo nessas pinturas estranhas em que santos e pecadores separados por séculos habitam a mesma cena? Será que esse é um sinal de ignorância, a relíquia esquisita de uma humanidade primitiva que ainda não havia alcançado consciência histórica? Será que esses pintores eram incapazes de identificar o tempo? Ou será que esse fenômeno é, em vez disso, um sinal da natureza peculiar do tempo sagrado? Nessas pinturas, todas elas tendo sido criadas para contextos litúrgicos, a espiritualidade cristã é a teoria quântica originária. Os cidadãos feudais de uma cidade espanhola do século 14 e o bispo de uma cidade africana do século 5 fazem parte da mesma cerimônia de culto. Monges mendicantes do início da Renascença encontram o Jesus ressurreto ao lado dos pais do deserto. Em uma capela, quando há oração, o cosmo se dobra de tal maneira que Cristo e Cecília são contemporâneos.

• • •

Essa imaginação maravilhosamente estranha — e que dobra o tempo — exibida pela fé cristã histórica é radicalmente diferente de um enorme número de versões "jesusificadas" de escapismo que lamentam o tempo e romantizam a eternidade. Muitas formas de cristianismo apenas suportam o presente como o preço a ser pago para alcançar a eternidade atemporal. Como Olivier Clément observa, na imaginação bíblica a verdade é praticamente o exato oposto: "A eternidade é orientada para o tempo". É mais agudamente na liturgia da igreja que "o tempo é revelado não como uma oposição à eternidade, mas como o vaso escolhido por Deus para receber e comunicar a verdade da eternidade". Todos reunidos em uma só moldura, esses santos ao longo dos séculos, face a face com Cristo e Madona, dão testemunho da sacralidade do tempo como tal. "O homem não pode abrir-se à eternidade de Deus dando as costas à existência temporal. O encontro com a eternidade amadurece no tempo por meio dos momentos vividos de esperança, fé e amor."[4]

A encarnação é a conexão entre história e eternidade. A colisão entre o tempo e a eternidade em Cristo tem efeito em cascata para nosso entendimento de ambas as coisas, e é por isso que a pintura é a melhor forma de representar a imaginação cristã peculiar. A revelação de Deus "nascido de mulher" na "plenitude do tempo" (Gálatas 4:4) torna a história a arena propícia ao encontro com Deus. O próprio tempo, uma criatura, está preparado para receber seu Criador. O divino não é alérgico à história. A história já está aberta para o eterno. O tempo é poroso. O que é representado nessas pinturas é o sentido estranho de essa porosidade ser horizontal tanto quanto é vertical: não é apenas o caso de o tempo estar aberto ao transcendente, mas também de esse tempo da encarnação nos abrir para uma comunhão que perpassa os séculos.

Essas pinturas abordam sutilmente uma questão sobre a relevância da história para viver a fé no presente. Se a encarnação de Deus na história está no cerne da fé cristã, será que aqueles de nós afastados do acontecimento por milênios estão distantes de Deus? Se a história importa, será que isso não significa que a longa história intermediária cria uma distância entre nós e a intensidade da presença de Deus na história? Será que os seguidores de Jesus após o primeiro século sempre estão atrasados demais para ser contemporâneos de Jesus?

Essas perguntas a respeito de tempo, proximidade e distância estão no cerne da investigação de Kierkegaard em *Philosophical fragments*, que, em última instância, é uma meditação profunda sobre a *contemporaneidade* à luz da curvatura de Cristo no tempo. No paradoxo da encarnação, testemunhamos "a eternização do histórico e a historicização do eterno".[5] A pergunta central que ocupa Kierkegaard é exatamente o que significa *ver* esse paradoxo. Quais são as condições para ser uma "testemunha" dessa interseção entre eternidade e história? O que acontece se não estamos entre os poucos felizardos que conviveram com o Deus encarnado no primeiro século? Será que todo retardatário está cada vez mais longe da revelação de Deus? Será que Deus desaparece atrás de nós como aqueles objetos em nosso retrovisor que não estão tão próximos quanto aparentam estar? Se a irrupção de Deus na história é a conexão da revelação, será que o restante de nós não está atrasado demais para obter um vislumbre, sendo pessoas relegadas a um relacionamento indireto com Deus?

O segredo, diz Kierkegaard, consiste em nem subestimar nem superestimar o histórico. Por um lado, a revelação de Deus na história é tudo. A encarnação é o sustentáculo do cosmo. A criação encontra sua plenitude no Deus encarnado. A encarnação de Deus "na plenitude do tempo" (Gálatas 4:4) é a reviravolta das possibilidades na existência humana. Por

COMO HABITAR O TEMPO

outro lado, a encarnação não é apenas um acontecimento histórico, tampouco nosso interesse pertinente na encarnação é antiquado ou documental. A história importa como um portal para o paradoxo do Deus-homem, que, então, é um espelho para encararmos o mistério de sermos humanos.

Se examinamos essas pinturas pelas lentes de *Philosophical fragments*, Kierkegaard apresenta algumas diferenciações úteis que esclarecem algo essencial para a vida cristã. Como ele expressa, o Deus que chega à história como o filho de Maria na Palestina do primeiro século não está apenas em busca de testemunhas; Deus está procurando *seguidores*, aprendizes, discípulos.[6] Não devemos confundir testemunhas contemporâneas de Jesus com *seguidores*. Embora a revelação histórica de Jesus seja uma condição para encontrar o paradoxo, ser contemporâneo do Deus-homem não é suficiente para esse encontro. "Saber de um fato histórico — aliás, conhecer todos os fatos históricos com a fidedignidade de uma testemunha ocular — de modo nenhum transforma a testemunha em um seguidor."[7] Por quê? Porque a diferença entre uma testemunha contemporânea e um seguidor é a *maneira* de eles interagirem com essa aparição histórica. Para a testemunha contemporânea, munida de todos os detalhes históricos, o histórico é *apenas* histórico. Não é um encontro com o eterno. Não é um *momento* em que a aparição de Deus proporcione um confronto com ele mesmo. Nenhuma quantidade de detalhes históricos basta para tornar a testemunha contemporânea um seguidor. O tom de brincadeira de Kierkegaard aqui sublinha a questão central:

> Se houvesse um contemporâneo que tivesse passado a dormir o menor tempo possível para poder acompanhar esse mestre, que ele acompanhasse mais inseparavelmente do que o pequeno peixe que acompanha o tubarão, se estivessem trabalhando para ele cem agentes secretos que espiassem esse mestre em absolutamente todos os lugares e a quem ele consultasse todas as noites, para ter um dossiê sobre esse mestre que incluísse até mesmo os mínimos detalhes, saber o que ele tivesse dito, onde ele tivesse estado em cada hora do dia, porque seu zelo o fazia

As dobras sagradas do Kairós

considerar importante até mesmo o menor detalhe — esse contemporâneo seria um seguidor? De modo nenhum.[8]

Em contraste, Kierkegaard reflete, imagine que algum contemporâneo do primeiro século que estivesse fora da cidade para estudar em outro lugar voltasse para Jerusalém por ocasião da Páscoa e aparecesse nesse cenário "apenas no próprio fim, quando [o mestre] estava presente para dar seu último suspiro, será que essa ignorância histórica lhe seria um obstáculo para se tornar um seguidor se o momento fosse para ele a decisão de uma eternidade?". De modo nenhum. "Para o primeiro contemporâneo, essa vida teria sido apenas um acontecimento histórico; para o segundo, esse mestre teria sido a ocasião para entender a si mesmo."[9] A história importa, mas *como* ela importa faz toda a diferença. Proximidade histórica não é o mesmo que um encontro com o Deus que chega na história. Estar ao lado do mestre não basta. Pegar o metrô junto com o Deus encarnado não faz de alguém um discípulo. A encarnação é evasiva: se o contemporâneo "acredita no que está vendo, ele na realidade é enganado, pois o deus não pode ser conhecido diretamente". Mas, se esse é o caso, "então qual é a vantagem de ser contemporâneo?".[10] De fato, nenhuma.

É aqui que Kierkegaard apresenta mais uma diferenciação esclarecedora. Quando esse Deus chega na história, o chamado não é somente para crentes, mas para *seguidores*. "Venha e me siga", esse é o convite. A questão é não apenas o que eles veem ou creem, mas o que fazem como resposta. Kierkegaard distingue seguidores contemporâneos — aqueles discípulos e testemunhas oculares que tiveram um contato próximo com o Messias *e* o reconheceram como o Deus encarnado — de "seguidores de segunda mão", aqueles retardatários cujo encontro com o Deus encarnado depende do testemunho ocular desses seguidores contemporâneos.

É natural imaginar, diz Kierkegaard, que essa primeira geração que cercou Jesus tenha desfrutado uma vantagem, um acesso privilegiado à transcendência — os felizardos que "nasceram no tempo", por assim dizer, que receberam o pão e o vinho da própria mão de Jesus. Mas a

COMO HABITAR O TEMPO

manifestação de Deus não está disponível da mesma maneira que um *outdoor*. O Criador do cosmo vem a nós de maneira oblíqua. Ele aparece de uma forma que também se esconde. A autocomunicação de Deus, como Kierkegaard expressaria, é sempre indireta, significando que é necessário mais do que ouvidos e olhos para ver e ouvir. Deus pode vir à criação que ele fez, mas não ser recebido ou percebido (João 1:10,11). Quando Deus esvazia a si mesmo, humilha a si mesmo, assumindo a forma de servo, a revelação é evasiva (Filipenses 2:6,7). Na estrada para Emaús, nem sequer a ressurreição se transforma imediatamente em reconhecimento; alguma outra coisa tem de ser concedida. Precisamos de uma graça para vislumbrar o Deus que agracia a história.

A autorrevelação de Deus na história significa tudo, mas isso somente se torna um encontro com o paradoxo do Deus-que-está-perto quando Deus concede as condições para vermos o Filho no servo. Assim, "não deixe nenhum dono de albergue ou professor de filosofia imaginar que é um sujeito tão esperto que seja capaz de perceber algo se o próprio Deus não der a condição".[11] O encontro com o eterno só poderia acontecer na história, mas a revelação de Deus nunca poderia ser extraída da história, deduzida a partir dos fatos por algum Sherlock Holmes religioso.

Portanto, segundo Kierkegaard, "alguém pode ser contemporâneo sem, no entanto, ser contemporâneo"; alguém pode ser "contemporâneo" no sentido comum de proximidade histórica e, na realidade, ser um "não contemporâneo" do Deus que aparece.

> O que isso significa senão que alguém simplesmente não pode ser ime-
> diatamente contemporâneo de um mestre e de um acontecimento desse
> tipo, de forma que a contemporaneidade genuína se dá não em virtude da
> contemporaneidade imediata, mas em virtude de alguma outra coisa.[12]

Por isso "alguém que aparece mais tarde deve ser capaz de ser o contemporâneo genuíno". Em outras palavras, em última instância, não há "seguidores de segunda mão", pois qualquer pessoa que encontrar o paradoxo, seja em 33, 1843 ou 2023 d.C., precisará da graça perceptual, concedida pelo mesmo Deus, para enxergar depois da esquina, a perceber o que é contado de forma enviesada. A epifania do paradoxo não pode ser alcançada pela especulação de baixo para cima, nem mesmo a partir de fatos históricos. A comunicação indireta que é a encarnação exige algo que não temos, uma iluminação que somente Deus pode fornecer. E é porque somente Deus pode fornecer isso a cada um de nós que todo seguidor está em relação direta com o Absoluto. Alguém que "aparece mais tarde precisa receber a condição do próprio Deus e não pode recebê-la de segunda mão". E, "se aquele que aparece mais tarde recebe a condição do próprio deus, então ele é um contemporâneo, um contemporâneo genuíno".[13]

Você poderia dizer que não há retardatários na comunhão dos santos, o que significa justamente que *todos* nós somos retardatários em relação à chegada de um Deus oculto. Esse ato de eternizar a história e de historicizar o eterno simultaneamente sacraliza o tempo e achata o *cronos* porque é "o momento" — *Kairós* — que faz toda a diferença. Portanto, Kierkegaard vê o Deus que concede a condição como o reconciliador de todas as gerações.[14] Deus não faz acepção de épocas. Repetindo a expressão de Annie Dillard, "o absoluto está disponível a todas as pessoas em todas as épocas", pois tanto o seguidor contemporâneo, em 33 d.C., como o seguidor de segunda mão em 1843 estão em um relacionamento imediato com o Absoluto. Deus está tão perto do discípulo do primeiro século quanto do santo medieval. E o camponês medieval está tão perto de Deus quanto o apóstolo do primeiro século.

Agora aquelas pinturas com que começamos fazem sentido: o centro de toda imagem é a prontidão de Cristo a toda geração. No calendário paradoxal do tempo da encarnação, a distância do *cronos* é encurtada pela intimidade do *Kairós*. Isso é menos uma evisceração da história e mais um tipo curioso de compreensão: não história *ou* eternidade, mas eternidade *na* história e, portanto, um ajuntamento da história pelo Deus eterno, que decide habitar o tempo.

COMO HABITAR O TEMPO

• • •

No romance *The life of the mind* [A vida da mente], de Christine Smallwood, Dorothy está relegada ao limbo acadêmico, trabalhando como professora assistente, indagando, como Dante, se será capaz de sair desse purgatório e alcançar o *paradiso* da estabilidade na carreira. Quando a encontramos, ela acabou de sofrer um aborto, que Smallwood evoca com uma escrita que é tátil, viscosa e abertamente física.

O romance é uma meditação profunda sobre fins; ou como sabemos quando algo chegou ao fim; ou, ainda melhor, se estamos dispostos a encarar o que sabemos ser o fim. Como deixar para trás o passado. Como se despedir de uma ambição. Como viver com a perda. "Ela vivia em um epílogo de desejos", diz o narrador sobre Dorothy. O que talvez apenas signifique que esse é um romance de meia-idade ("Dorothy estava na idade em que escolhas se revelavam como erros, cada vez mais adquirindo uma aura de irrevogabilidade"). Mas é difícil resistir a uma leitura mais ampla, quase alegórica, sobre o experimento americano: acaso reconheceríamos o fim se estivéssemos vivenciando-o?[15]

Há uma presença um tanto surpreendente e prosaica da religião no romance de Smallwood. Dorothy está ministrando um curso chamado "Escrevendo Apocalipse", uma ocasião para revisitar Jonathan Edwards e o livro de Apocalipse para tentar discernir a diferença entre a "textura do *Kairós*" e a "caminhada repulsiva do *cronos*".[16] Aliás, essa questão do entendimento do tempo governa a narrativa do romance. Dorothy está sempre observando tipos diferentes de tempo (como "tempo do animal de estimação" ou "tempo do avião"). Ela está esperando pelo desvelamento. O fato é que você precisa suportar uma enorme quantidade de *cronos* antes de saber que o *Kairós* chegou — que o fim chegou. Por outro lado, exatamente como Dillard sugeriu, qualquer momento é suscetível de irrupção: o *Kairós* acompanha o *cronos* como uma possibilidade sempre presente.

"É difícil saber quando algo termina", diz Dorothy na parte final do romance.[17] Mas talvez a razão disso não seja apenas nossa míope incapacidade de reconhecer o fim; talvez a razão seja, com o *Kairós* pairando

As dobras sagradas do Kairós

sobre tudo, o fato de você nunca saber quando um fim não é o fim. A pergunta não é "que horas são?", mas, sim, "*em qual* tempo estou?". O absoluto está disponível a todas as pessoas em todas as épocas. Qualquer ponto de *cronos* exibe a possibilidade de ser *Kairós* um momento repleto de possibilidades. Como Daniel Weidner disse, falando sobre o teólogo Paul Tillich, *Kairós* significa que "todo momento é potencialmente o pequeno portão pelo qual o Messias entrará".[18]

• • •

Assim como as pinturas de El Greco e de Crayer, a liturgia cristã encena as dobras secretas do *Kairós*. O calendário litúrgico repete a forma de o tempo se curvar e se dobrar em volta do Cristo encarnado como um centro gravitacional temporal. Ano após ano, durante o Advento, a igreja revive a esperança messiânica de Israel, aguardando a promessa — e tem feito isso há dois mil anos, desde que o Messias nasceu, em Belém. Todo ano, a igreja anda com Jesus para o Getsêmani, dá testemunho de sua angústia e de seu sofrimento, entra de novo na sombra desalentadora da cruz, vive com o silêncio angustiante do Sábado de Aleluia e alcança a manhã da Páscoa para testemunhar a explosão de luz da ressurreição do Filho de Deus. Durante milênios, a igreja tem seguido os magos vez após vez, procurando o rei ameaçado. Duas mil vezes — "e contando" —, a igreja ficou perplexa com a ascensão e, então, arriscou sua vida no Pentecostes.

Para aqueles não familiarizados com o tempo litúrgico, isso terá a aparência de uma receita para o tédio ("*De novo?*"). Talvez seja entendido erroneamente, como se o propósito fosse apenas nos recordar o que aconteceu, como se o calendário litúrgico fosse apenas um recurso memorial. Mas é algo mais fantástico que isso: é um convite para *participarmos* do acontecimento, uma experiência de contemporaneidade kierkegaardiana. Quando, em um culto *Tenebras* na Sexta-Feira Santa, as velas são apagadas com cada uma das últimas palavras de Cristo na cruz e a escuridão começa a nos engolir, não somos convidados apenas a recordar um "acontecimento histórico". Somos convidados a habitar

101

o tempo de tal maneira que nos vemos lá e naquele momento. Quando a última luz é apagada e o estrondo aterrorizador ruge através do local escuro, experimentamos luto. Então, uma única voz pode fazer a pergunta curvada pelo tempo do hino das congregações afro-americanas: "Você estava lá quando eles crucificaram o meu Senhor?", que, em uma guinada condizente com El Greco, salta para o presente: "Oh, às vezes isso me faz tremer!". Haverá anos em que os "Aleluias!" de uma manhã de Páscoa não serão apenas reencenações do passado, mas novas percepções de uma alma que passou um ano no abismo, extremamente familiarizada com o *Sheol*, para quem a possibilidade de viver de novo foi experimentada como se pela primeira vez. A ressurreição ocorre *agora*, e no agora você ouve um Deus que diz: "Desperte. Respire. Eu quero que você passe a existir".[19]

Essa repetição anual da encarnação e da Paixão somente é "repetitiva" no sentido kierkegaardiano de uma repetição "para frente", uma volta que gera novas possibilidades.[20] Talvez pudéssemos dizer que o cristão habita o tempo como cíclico *e* linear. Como a luz que é tanto onda como partícula, o acontecimento da encarnação deixa uma marca decisiva no calendário — não há volta quando o Deus Criador se tornou uma criatura sujeita às vicissitudes do tempo. A encarnação é uma revelação que deixa traços arqueológicos. Há um antes e um depois da chegada de Deus no Filho. A história se desenvolveu, até mesmo "progrediu".[21] Mas, por outro lado, o ritmo do culto da igreja — que é a própria cadência da vida da igreja, a pulsação do corpo de Cristo — é uma espiral que se move para frente, vivenciando o encontro da humanidade com o Deus encarnado no tempo. Na contagem do tempo do povo de Deus, é Natal *de novo*, Páscoa *de novo*, Pentecostes *de novo e de novo*.

Esse tipo de dobra no tempo sempre foi uma característica do povo de Deus. Na introdução à sua tradução do livro de Deuteronômio, o estudioso de literatura Robert Alter realça a maneira em que a retórica fala a uma geração posterior, que estava prestes a entrar na terra, como se fosse a geração que tivesse fugido do Egito e atravessado o mar — embora esses acontecimentos tenham ocorrido com uma geração anterior. "O SENHOR, o nosso Deus, fez conosco uma aliança em Horebe", diz Moisés a uma assembleia que não poderia ter estado ali. "O SENHOR falou com você face a face, do meio do fogo, no monte" (Deuteronômio 5:2,4). Nas descrições vívidas das provações de Israel e da fidelidade permanente de Yahweh, as palavras de Moisés tornam gerações posteriores testemunhas de acontecimentos passados no mesmo espírito em que os seguidores posteriores de Kierkegaard são "contemporâneos" de Cristo.

> A uma só vez, os membros dos ouvintes históricos do Livro de Deuteronômio são implicitamente convidados para imaginarem o que seus antepassados de fato viram, para vê-lo vicariamente. A noção midráshica de que todas as futuras gerações de Israel já estavam presentes como testemunhas no Sinai é pressagiada, talvez de fato gerada, por essa estratégia retórica da evocação do testemunho em Deuteronômio.

Alter caracteriza isso como um "deslizamento de identificação entre uma geração e outra. A maioria das pessoas que estavam ouvindo as palavras de Moisés não poderia ter visto literalmente as coisas de que ele falava, mas o povo é imaginado como uma entidade contínua, carregando uma responsabilidade ao longo do tempo histórico como um agente moral coletivo".[22]

Afirmar que a dobra do tempo efetuada por Moisés é invocada como uma estratégia retórica não é torná-la uma ficção. A retórica reflete a realidade de um povo — o que poderíamos chamar de "ontologia social", a coinerência do povo de Deus através de gerações.[23] Há uma continuidade real e significativa de um povo constituído por uma aliança. Esse vínculo de um povo que atravessa o tempo e as gerações é a mesma realidade expressa na comunhão dos santos. A geração posterior vivencia possibilidades específicas em virtude do que herdou daqueles que atravessaram o mar e perambularam pelo deserto. Essa continuidade é real por causa da presença permanente do mesmo Deus a quem todas as gerações estão conectadas e pelo fato de as habitualidades serem igualmente coletivas. Esperanças são herdadas; idolatrias também. Assim como a agência é legada e herdada, a responsabilidade atravessa gerações. Essa concepção do tempo — esse "deslizamento" entre gerações — fundamentalmente rejeita o atomismo adotado pelo individualismo, uma concepção tanto do ser quanto da comunidade que torna cada indivíduo uma unidade discreta. A Bíblia está permeada de pronomes na segunda pessoa do plural que nos situam em uma realidade comunal, e essa comunidade é contínua ao longo do tempo.

Daí a relativização da cronologia. Onda e partícula. O presente importa, mas *agora* não é apenas o presente. Nosso *agora* é fecundo: ele contém possibilidades de um passado que será transportado para um futuro. O carimbo da hora da existência de uma geração é tomado por e está envolto em uma realidade contínua que é tanto anterior como posterior a nós. A geração de Israel à margem oriental do rio Jordão é definida por aquela parte do seu "corpo" que perambulou no deserto. A experiência da geração passada está *neles*, sendo uma parte definidora de quem são ao embarcarem nessa possibilidade. E, para serem quem foram chamados a ser na terra prometida, têm de recordar quem são.

O tempo, para o povo de Deus, é tanto linear como cíclico. Os desenvolvimentos na história importam. Não é possível fazer o tempo voltar. No entanto, nós de fato revisitamos esses acontecimentos em nosso agora como uma questão de orientação, ressincronizando nossos relógios interior e exterior, por assim dizer — para recordarmos *em que momento* nós estamos e somos. Nossa relação com esses acontecimentos que definem um povo é, em algum sentido significativo, mais definidora do que o redemoinho de acontecimentos presentes em que estamos imersos. Karl Barth nos convidou, por meio de uma imagem memorável, a ler a Bíblia com um jornal nas mãos, mas muitas pessoas não aparentam entender o que ele quis dizer: é a Bíblia que situa a primeira página, e não vice-versa.

De muitas maneiras, a modernidade é o triunfo da linha sobre o ciclo. Desde o século 18, temos sido treinados a visualizar a marcha do tempo na forma de uma linha. Em 1765, o químico inglês Joseph Priestley publicou a primeira do que agora facilmente consideraríamos uma "linha do tempo". Em um panfleto que a acompanhava, Priestley reconheceu a natureza etérea e misteriosa do tempo, mas argumentou que, "ele admite uma representação natural e fácil em nossa mente pela ideia de um espaço mensurável, e particularmente o de uma LINHA".[24] A metáfora visual não é neutra. A imagem do tempo como uma linha é uma interpretação. A linha é uma medição de progresso, deixando para trás a ignorância e a ingenuidade para alcançar a iluminação e o domínio. Para frente e para cima. A linha do tempo, segundo Daniel Rosenberg observa, "amplificou as noções de progresso histórico que estavam se tornando populares no período", embora a história, "até então, nunca tenha de fato adquirido a forma de uma linha do tempo ou de qualquer outra linha desse tipo". A simplicidade visual da imagem, que a tornava tão eficaz, também era o problema: a simplicidade era uma ilusão "para apoiar a fantasia de um tempo linear".[25] A linha apagava todos os zigue-zagues da contingência, os retrocessos, os débitos nessa espiral que se move para frente, como se fosse possível mapear o rio Amazonas sem usar curvas.

Henri Bergson, o grande fenomenólogo do tempo (Proust foi padrinho do seu casamento!) denunciou essa fantasia como o "ídolo" que ela é.[26] A progressão linear não é nossa maneira de experimentar o tempo, tanto individual como coletivamente. Nossa *experiência* do tempo é uma experiência de "duração" (*durée*). É uma espécie de sucessão sem separação, ao que Bergson se refere como um "derretimento" (semelhante ao "deslizamento" de Akin). O passado e o presente se permeiam mutuamente; o *agora* é poroso.[27]

Ao mesmo tempo que Bergson estava fazendo essa observação, Einstein demonstrava que o tempo é relativo. A modernidade sempre gera suas próprias contramodernidades. Juntos, Bergson e Einstein desafiaram a linearidade simplista do tempo "moderno". Ao fazer isso, eles nos apontam de volta para algo como a concepção hebraica da temporalidade, em que a linha entre a geração de Moisés e a de Josué está borrada e dobrada de tal maneira que aqueles que vão atravessar o Jordão são abordados como aqueles que atravessaram o mar. "Nós" duramos mais que nosso tempo de vida.

• • •

Uma vez que o tempo é dobrável e relativo, uma forma construída de ordenar nossa vida, o relógio e o calendário de acordo com os quais você vive fazem uma grande diferença. Não há tempo objetivo ou absoluto, sendo esse o motivo de poder haver calendários e relógios rivais que conflitam. Certa vez, durante nossa estada na costa oeste de Michigan, na extremidade do fuso horário do leste, minha esposa e eu começamos a perceber que nossos celulares e *smartwatches* aparentavam oscilar entre os horários central e leste, talvez captando de forma esquisita algum sinal de celular oscilante do outro lado do lago. Isso acabou acontecendo tantas vezes que, sem os antigos relógios comuns que costumávamos usar em nossos pulsos, não teríamos como saber que horas "realmente" eram.

É fácil nos esquecermos de quanto nossos relógios e calendários são produto de uma convenção, legados de decisões contingentes que poderiam ter tomado outro rumo. Isso significa dizer: com frequência, não percebemos quão debatido era o tempo antes de 1844, ano em que a Conferência Internacional do Meridiano se reuniu em Washington DC.C., para produzir um acordo sobre o tempo e o cálculo do calendário.

Até aquele momento, o tempo aparentava ser "natural", conectado com o sol e as estrelas ("tempo solar"). Mas, com os continentes se tornando cada vez mais interconectados, primeiro por meio de embarcações e depois por meio de estradas e do telégrafo ao longo do século 19, o conjunto desorientador dos tempos "locais" começou a colidir. Aliás, deixar localidades seguirem o tempo "natural" ("solar") demonstrou ser algo fatal: as colisões de trens compartilhando os mesmos trilhos foi um ímpeto primário para a padronização do tempo.[28] As demandas do comércio e da indústria transatlânticos e transcontinentais foram outro motivador central.

Esforços de padronização foram originariamente regionais, depois nacionais. Por exemplo, a partir de 1833, o observatório de Greenwich no rio Tâmisa ergueria um "balão-horário" à uma da tarde para ser visto por todos os navios atracados no porto, uma oportunidade de sincronização visual. A expansão de ferrovias nos Estados Unidos resultou no tempo de ferrovia padronizado com "faixas" de cinco minutos espalhadas pelo continente (na França, as companhias ferroviárias usaram um tempo padronizado cinco minutos atrasado em relação ao tempo solar de Paris, como uma forma de gentileza para os viajantes atrasados). A instalação de um cabo telegráfico em 1851, conectando a Europa com a América do Norte, "talvez tenha sido a realização mais importante de todas na internacionalização do sistema de tempo".[29]

Foi nesse momento que os conflitos de verdade tiveram início. O tempo *de quem* seria o marco zero, por assim dizer? Mais tecnicamente, onde o mediano principal — o ponto a partir do qual todas as outras pessoas poderiam contar — se localizaria? A França fez campanha por Paris; o Reino Unido apontou para a ciência inovadora, no observatório de Greenwich; outros propuseram um local "neutro" no meio do Pacífico, a 180 graus de Greenwich (os franceses perceberam o que fizeram ali). O Congresso americano acabou convocando a Conferência Meridiana Internacional em 1884, e após muita disputa, deliberação e negociação, 41 delegados de 21 nações concordaram em tornar Greenwich o meridiano principal. Negociações posteriores chegaram a um acordo de um sistema temporal global e de 24 horas, estabelecendo as longitudes de nossas zonas de tempo atuais. Os delegados, opondo-se à convenção naval e afirmando sensibilidades civis, também determinaram juntos que o assim chamado dia universal começaria à meia-noite. Eles até mesmo precisaram chegar a um consenso sobre o que constituía o oeste e o leste em um planeta esférico, e acabaram concordando em definir o meridiano 180 como a linha de data internacional.

Em outras palavras, praticamente tudo o que assumimos como garantido sobre o tempo é uma questão de convenção, tanto é que o historiador Lewis Mumford foi capaz de argumentar que "o relógio, e não o motor a vapor, é a máquina fundamental da era industrial moderna".[30]

Todos estamos escolhendo sincronizar nossos relógios de acordo com a configuração do tempo de alguém. Todos estamos contando os dias com base em alguma convenção de calendário. Escolha seu calendário com sabedoria. A resposta à pergunta "em que momento estamos?" é determinada pelo "balão-horário" que estamos observando. Mesmo que o tempo já estivesse padronizado no século 21, isso não significa que não haja calendários rivais competindo para estabelecer o padrão de sua vida. O culto da igreja, organizado pela cadência do calendário litúrgico, é uma tecnologia calibradora da alma e do corpo maior de Cristo. Na expressão memorável de Sojourner Truth, o calendário litúrgico nos recorda "que horas da noite são".

A relatividade do tempo e a porosidade do agora são liturgicamente vivenciadas no culto da igreja. Ser constituído como um povo tão peculiar exige uma estranha forma de sincronização do tempo. Como agentes lançando seus mísseis em um filme de espionagem, coordenando seus relógios para haver sincronia entre todos eles, o povo de Deus sincroniza os relógios da alma em relação a uma história que percorre um ciclo e se repete no calendário litúrgico. No calendário litúrgico, estamos conectados ao tempo solar do Filho, que é a luz da cidade de Deus (Apocalipse 21:23).

* * *

Ou, em vez das técnicas de sincronização, considere o ir e vir de uma dança e o que significa *seguir seu ritmo* Em um ensaio esclarecedor, a historiadora e acadêmica Clair Wills nos convida a perceber como se dá a dança social — "dança a dois". "Na dança a dois", segundo ela, "há um líder e um seguidor, e desde o início percebi que minha escolha óbvia era aprender a acompanhar", pois, sem me dar conta, havia anos ela estava secretamente aprendendo a acompanhar. Como assim? A razão é que "acompanhar é ler". Acompanhar é ler um parceiro, e Wills dedicou uma vida à leitura.[31]

Essa parceria, no fim das contas, é fictícia. Cada dança, observa Wills, é colaborativa, mas "na realidade há dois líderes. Um é a pessoa com quem você está dançando, que o conduz por uma série de figuras no tempo com a música. E o outro é a própria música. A tarefa do seguidor é ouvir ambos os líderes e, em seguida, responder de maneira criativa". Acompanhar não é algo passivo ou automático; é seu próprio ato de criação; é ler o corpo de outra pessoa, encontrar o ritmo da música, ouvir o que é demandado. "O casal", no fim das contas, "é um triângulo".

O tempo está contido na música, e o líder está ouvindo, mas o seguidor está tanto ouvindo como sentindo para captar os sinais em uma mão nas costas, em um afago no lado do corpo. "Quando os dançarinos dançam socialmente, todo movimento de um seguidor terá, necessariamente, um segundo de atraso." Essa não é uma falha; o hiato não pode ser eliminado. "A dança está no *delay*."

A postura se torna o radar tátil do seguidor. A arte está na resposta. Wills capta isso de maneira bela e sugestiva:

> Um seguidor é todo ele antenas. Ela ou ele precisa cultivar uma espécie de incerteza ativa, uma dúvida positiva. Tem de estar suficientemente relaxado ou relaxada para captar a menor das sugestões de seu parceiro e, no entanto, suficientemente equilibrado ou equilibrada, mental e fisicamente, para ser capaz de participar — de responder, de esperar, de produzir forma a partir do compromisso, da interrupção e da hesitação. Seu peso deve estar apropriadamente distribuído para poder responder ao chamado de dar passos ou se virar para cá ou para lá, como se o tivesse previsto, porém sem saber o que aconteceria.

A dança é efêmera. Em cinco minutos, a música termina. Mas agora essa dança está cravejada em você. "Outro tipo de passado está contido no corpo da própria dançarina", diz Wills. "O que se chama de 'memória muscular' é só uma parte disso. A memória que você acessa ao começar a dançar inclui todas as danças que você já dançou antes, todos os parceiros que já teve, todo o seu tempo dedicado a praticar, toda a música que ouviu." Mas a dança está no momento. "O prazer de dançar como seguidor é ouvir o que requer poucas palavras para ser dito."

Imagine a igreja não como itinerário de um trem, mas como um salão de dança. Todo culto da igreja é um ensaio para dançar no mundo. A noiva de Cristo é convidada para o prazer singular e criativo de acompanhar, atenta ao líder, ouvindo a música. Equilibrada, atenta, sintonizada: e agora? O que vem em seguida?

4

ABRACE O EFÊMERO

Como amar o que você perderá

Onde estão as músicas da primavera? Oh, onde estão?
Não pense nelas, você tem sua música também.

— JOHN KEATS, *Ode ao outono*

Estamos dirigindo pelo Vale Susquehanna, na Pensilvânia. É final de outubro. O sol de outono está espalhado pelas colinas, sua iluminação tingida com o pôr do sol. O ar frio é um lembrete: o inverno está vindo. Mas hoje esse vale está queimando. Estamos cercados de árvores coloridas por chamas vermelhas e alaranjadas. Enquanto subimos, tons de amarelo dourado e abóbora dão lugar à cor de ferrugem e marrom, como se as folhas estivessem queimadas, gastas. Nessa luz, até mesmo os galhos duros e tortuosos são, de alguma forma, belos em sua esterilidade. Toda essa beleza outonal é uma auréola em volta da morte e do torpor do inverno. Esse encanto sublime é um último ato, uma exibição de despedida possível apenas porque essas folhas estão morrendo de fome. Elas não irão de bom grado para a luz, mas arderão contra a morte de sua luz. E aqui estou: assombrado e grato por seu fim espetacular. Sua longa vida verde foi apenas um prelúdio para essa pompa feroz.

Talvez não seja acidental o fato de eu ter tido essa epifania apenas alguns dias após meu aniversário de cinquenta anos. Minha atenção certamente também foi preparada por uma coluna reflexiva da autora Margaret Renkl sobre o sentimento de outono nos capítulos finais de uma vida.

> Talvez a razão de eu não me sentir triste com o início do outono quando eu era mais jovem seja apenas o fato de que eu era mais jovem, com minha vida inteira ainda pela frente. Naquele tempo, minha única preocupação era que minha vida real, a que eu escolheria para mim e viveria de acordo com minhas próprias condições, estava demorando demais para chegar. Agora entendo que todo dia que recebo é tão real quanto qualquer outro dia da vida. Agora entendo que não temos garantia de nada, que nossos dias estão sempre acabando. Que eles sempre, sempre estavam acabando.[1]

O jardim de outono dela é um espelho, e ela sente afinidade com todas as criaturas se apressando contra a luz que está enfraquecendo, empática para com cômico desalinho dos azulões em transição", admirando os beija-flores que travam uma batalha sobre o comedor enquanto se abastecem para a migração, abismada com a aranha que está tecendo mais uma teia espetacular que representará seu legado: "os sacos de ovos perfeitos que ela teceu e emendou como pérolas". Ela está dando lugar; está abrindo mão; está deixando para o mundo essas pérolas de possibilidade.

· · ·

O poeta francês Charles Baudelaire sugeriu que a modernidade estava fascinada com "o efêmero, o fugaz, o contingente".[2] Em vez de pintarem paisagens apáticas, os pintores modernistas dirigem sua atenção ao salto da bailarina, à emissão de vapor do trem, à luz dourada antes de o sol mergulhar novamente sob o horizonte. Nesse sentido, o modernismo poderia ser entendido como uma sintonia intensa com a condição de criatura e com os traços da condição humana. Ser criado é ser efêmero, fugaz,

Abrace o efêmero

contingente. Ser criatura é ser mortal, sujeito às vicissitudes do tempo: o sol nasce e se despede todo dia; o bulbo da tulipa pressiona, floresce em glória e depois entra em hibernação; aprendemos, recordamos, esquecemos. Aprender a ser criatura é uma questão de aprender a abrir mão.

Reconhecer ou até mesmo abraçar o efêmero deveria estar no centro de uma consciência temporal cristã. Imagine abraçar o efêmero como uma disciplina não apenas de reconhecer nossa mortalidade como uma condição, mas também de receber nossa mortalidade como uma dádiva. É a perda do inverno que nos proporciona o fogo do outono.

Nossa finitude não é fruto da Queda (ainda que tenha sido por ela afetada).[3] A contingência não é uma maldição. Viver indignado com a finitude da criatura é sua própria forma de orgulho. Obviamente, há muito a ser lamentado em muitas de nossas perdas. Somos privados pela miséria da Queda. Mas nem tudo o que desparece foi roubado. Nem toda transitoriedade é expressão da maldição. Aprender a viver com o transitório, até mesmo celebrá-lo, é uma marca da contagem espiritual do tempo, uma maneira de nos estabelecermos em nossa condição de criatura e de repousarmos em nossa mortalidade.

Lamentar a mortalidade é uma marca de arrogância. Ao lamentarmos nossa própria mortalidade, lamentamos o fato de que o que recebemos não é eterno. Então, muitíssimas vezes, tentamos fabricar a eternidade: enfiamos nossas garras e nos apegamos, recusando-nos a soltar. Às vezes, é precisamente em nossa tentativa de agarrarmos e congelarmos o que é passageiro que repudiamos nossa condição de criatura e perdemos algo que está bem diante do nosso próprio nariz.

Em 2019, após um hiato longo e atormentado, Tiger Woods voltou e recuperou seu prestígio no golfe profissional. Na época, um fotojornalista mostrou uma diferença acentuada entre uma vitória no início de sua carreira, em 1997, e seus triunfos mais recentes, em 2019. A imagem do décimo oitavo buraco, na foto de 1997, exibe algo de uma obra-prima renascentista: o retrato de um mar de rostos como se iluminados por Caravaggio, extasiados de formas variadas, ofegantes, todos fixados

113

e focados na bola até ela cair no buraco, obtendo a vitória. Os espectadores que estavam assistindo eram como um único organismo. Ninguém ali jamais se esquecerá de Tiger lançando seu punho no ar, um jovem conquistador.

Essa imagem foi contrastada com o evento de 2019. Tiger ainda está cercado por um mar de pessoas naquele último buraco, mas os olhos delas não estão nisso: elas estão olhando para seus *smartphones* enquanto congelam esse momento em uma fotografia, focadas em clicar exatamente no instante certo. Os rostos estão obscurecidos por braços esticados para cima, e mil reproduções minúsculas do acontecimento flutuam acima de suas cabeças. Decididas a captar o momento, essas pessoas não estão mais presentes nele. Determinadas a se agarrar à experiência, elas perdem a oportunidade de vivenciá-la. O momento é perdido pelo desejo de captá-lo.

Esse contraste me lembrou de uma percepção extraordinária na autobiografia *Hold still*, da fotógrafa Sally Mann. Ela está refletindo sobre a morte e a perda de dois homens amados em sua vida: seu pai e seu querido amigo, o artista Cy Twombly. Suas lembranças de Twombly são vívidas: ela é capaz de recordar imediatamente "sua voz arrastada, seu rosto enrugado, o vão entre os dentes da frente — o próprio Cy está diante de mim". Sua presença pode ser invocada pela própria memória. Mas, então, vem a observação surpreendente de uma fotógrafa profissional: "Estou convicta de que a razão de eu ser capaz de recordá-lo tão claramente e com tantos detalhes é o fato de eu ter tão poucas fotos dele". Twombly vive nela, um companheiro de memória, de uma forma muito diferente do seu pai, ela admite: "Por causa das muitas fotos que tenho do meu pai, ele me escapa por completo. Em minha lembrança ultrajantemente desleal, ele não existe em três dimensões ou com cheiros ou timbre de voz associados [...] Não tenho a lembrança do homem; tenho a lembrança de uma foto". O pai captado em filme está perdido para ela; o amigo recordado está presente. Mann diagnostica por que nossa capacidade de emoldurar a realidade é, na verdade, uma perda:

Antes da invenção da fotografia, momentos significativos no fluxo da nossa vida seriam como pedras situadas em um córrego: obstáculos que demonstravam, mas não diminuíam o volume do fluxo em volta do qual se acumulavam os fragmentos da memória, ricos em visão, cheiro, sabor e som. Nenhum clique fotográfico pode fazer o que o obstáculo mnemônico atrativo pode fazer: quando terceirizamos esse trabalho, deixando-o para a câmera, nossa capacidade de recordação é diminuída e as lembranças que temos são empobrecidas.[4]

Tentei absorver a percepção de Mann em meus próprios ritmos e práticas. É principalmente uma questão de me proporcionar oportunidades de recordar em vez de transformar toda experiência em algo a ser arquivado. A propensão a captar todo instante de beleza no meu *iPhone* se torna uma maneira de perder o mundo. Em vez de viver comigo em minha memória visceral, todo o prazer e toda a beleza que experiencio terminam em uma pasta de fotos que raramente vejo. O resultado é uma experiência diminuída tanto do presente como do passado. Quando estou determinado a captar o momento em um clique, estou menos presente para o presente; estou fixado em uma recordação futura — o que acaba sendo um péssimo substituto para uma emoção ou visão que posso carregar nas cavernas da minha alma.

Portanto, adotei uma prática simples: intencionalmente, não levo meu telefone quando me aventuro em lugares belos ou quando tenho a expectativa de vivenciar um acontecimento significativo. Quero estar presente para o presente precisamente para ele estar vivo para mim em uma lembrança futura. Quer eu escale até o pico de Circle Bluff contemplando de cima o Rio Frio, na região montanhosa do Texas, quer esteja desfrutando uma íntima iluminação à luz de velas em um restaurante de Nice, quero estar presente para o presente, deleitar-me no *agora* sem a preocupação de captá-lo. Ao me entregar ao momento, posso carregar esses prazeres comigo de maneiras que não teria sido capaz de imaginar.

Estarmos conscientes temporalmente de nossa condição de criatura é vestirmos a mortalidade de uma forma confortável. Viver mortalmente,

COMO HABITAR O TEMPO

poderíamos dizer, é receber dádivas abrindo mão, é encontrar prazer no presente passageiro. É uma satisfação temporal: habitar o tempo de olhos bem abertos, com as mãos esticadas não para agarrar, mas para receber, desfrutar e abrir mão. Às vezes, saber que isso não durará para sempre nos leva a darmos as mãos no presente.[5]

• • •

A contagem espiritual do tempo é como uma dança em uma corda bamba: por um lado, somos chamados a habitar o tempo de uma maneira que nos estica, para estarmos cientes de muitíssimo mais coisas do que agora. Como um povo tradicional, atento às nossas heranças, vivemos com uma orientação futura, aguardando o reino vindouro. Por outro lado, sempre vivemos no presente. Dádivas do passado e esperanças futuras se combinam em nós no presente. Não posso não existir agora. O desafio é habitar o presente de modo fiel, sem ceder a um "presenteísmo", em que apenas o agora importa (a receita para o epicurismo permissivo). O truque é viver totalmente presente para o momento sem ser definido pelo *Zeitgeist*.

Digo "truque", mas talvez eu queira dizer "feito", no espírito do cavaleiro da fé de Kierkegaard, que é um dançarino de balé tão talentoso que consegue fazer o impressionante salto da fé ser, aparentemente, fácil. Os cavaleiros da resignação infinita, diz ele, saltam na eternidade, mas nunca encontram uma forma de aterrissar no mundo em que se veem: "Toda vez que eles descem, são incapazes de ocupar a posição imediatamente, eles vacilam por um instante, e essa vacilação mostra que são estranhos no mundo". Há muitas pessoas religiosas para quem sua fé significa um salto em um passado nostálgico ou em um futuro escapista, mas o presente as atormenta: desajeitadas e hesitantes, elas tropeçam e vacilam. Sabem ser fiéis em qualquer lugar, menos agora. "Mas ser capaz de descer de tal modo que instantaneamente aparente ficar de pé para andar, transformar o salto da fé no ato de andar, expressar de forma absoluta o sublime no trivial — apenas aquele cavaleiro [da fé] é capaz de fazê-lo, e esse é o prodígio único e incomparável."[6] Saber como dançar no ritmo divino e andar como um ser humano são prodígios.

A criação que é nosso lar, a incubadora do agora, é dinâmica. O ser da criação é tornar-se. O Éden já está fervilhando com as mudanças. A efemeridade não é algo que acontece à criação; é um aspecto dela. O envelhecimento não é uma maldição; o outono não é um castigo; nem tudo o que é passageiro deve ser considerado perda. O surgimento e o desaparecimento que caracterizam nossa vida mortal são simplesmente os ritmos da condição de criatura. É totalmente impossível ser uma criatura que não esteja sujeita às vicissitudes do tempo. Até mesmo os corpos ressurretos mudam.[7]

Em suas reflexões sobre o tempo em *Confissões*, Agostinho diz que nosso próprio ser é a conexão presente entre passado e futuro. Ele ousa dizer que nem o futuro nem o passado realmente existem, tecnicamente. "Talvez fosse exato dizer: há três tempos, um presente de coisas passadas, um presente de coisas presentes, um presente de coisas futuras. Na alma, há esses três aspectos do tempo, e eu não os vejo em nenhum outro lugar."[8] Agostinho, de forma bastante ousada, sugere que tudo o que existe é o presente. E essa é a razão de a efemeridade ser um aspecto fundamental da criação. Os exemplos de Agostinho com frequência evocam o ato de falar ou cantar como um estudo de caso de como o ser humano exige que nos acostumemos com esse fluxo de chegada e perda.

> Suponhamos que eu esteja prestes a recitar um salmo que conheço. Antes de começar, minha expectativa está dirigida ao todo. Mas, após ter começado, os versos dele que transformo em passado se tornam objeto da minha memória. A vida desse meu ato está esticada em duas direções: na da minha memória, por causa das palavras que eu já disse, e na da minha expectativa, por causa daquelas que estou prestes a dizer. Mas minha atenção está no que é presente: com isso, o futuro é transferido para se tornar o passado.[9]

Quando faço algo tão simples quanto falar, a consciência humana é uma turbina do presente: atrair e recolher o futuro, para falar no agora, com o que foi dito atrás de mim como passado. Toda conversa é um misto de expectativa e retenção. "Uma pessoa que está cantando ou ouvindo uma música que ela conhece bem", continua Agostinho, "experimenta uma expansão ou um esticamento em seu sentimento e em sua percepção sensorial a partir da expectativa de sons futuros e da memória de sons passados".[10] Não há prazer na música sem a natureza fugaz do som; não há deleite na música sem a dádiva das notas efêmeras que nascem, prolongam-se e, então, desaparecem para dar lugar a mais.[11]

Abraçar o efêmero é viver com esse fluxo, viver uma vida de gratidão em meio à mudança, o que, basicamente, significa dizer: viver *como* mortal. Esta talvez seja a lição profunda da sabedoria do mestre em Eclesiastes: não lamentar nossa condição mortal, mas encará-la, aceitá-la e encontrar ritmos sincronizados com a natureza passageira do tempo. Poderíamos dizer que esse é um exercício de redenção da vaidade. "Desfrute a vida com a mulher a quem você ama", aconselha o mestre, "todos os dias desta vida [vã] que Deus dá a você debaixo do sol [...] Pois essa é a sua recompensa na vida pelo seu árduo trabalho debaixo do sol" (Eclesiastes 9:9). As palavras que são marcantes aqui, "vaidade" e "árduo trabalho", são desanimadoras e contrastam com a prescrição inicial do mestre: "Desfrute!". Desfrute a vaidade, o vazio, a falta de sentido?

O teólogo Peter Leithart explica nossa confusão: a palavra hebraica traduzida como "vaidade", *hebel* — às vezes até mesmo ("absurdamente", observa Leithart) por "sem sentido" —, significa mais literalmente "névoa" ou "vapor". "No seu uso metafórico", esclarece Leithart, "a palavra enfatiza a natureza efêmera e fugidia da existência humana. A vida humana é *hebel* (Salmos 39:4-11; 78:33; Jó 7:16) porque é impermanência, porque mudamos e por fim morremos". Quando o mestre caracteriza "tudo" como *hebel* (Eclesiastes 1:2), "ele não está dizendo que tudo é sem sentido ou inútil. Está realçando a natureza elusiva do mundo, que desliza por entre nossos dedos e foge a todos os nossos esforços de controlá-lo". A vida humana é *hebel* porque somos mortais: um tempo de vida humano é como uma névoa que nos encanta, mas que então se dissolve muito rapidamente, um vapor que se dissipa. Leithart observa que Hebel "é o nome do segundo filho de Adão, o primeiro humano a experimentar a morte, o primeiro a conhecer a realidade da natureza vaporosa da vida (Gênesis 4:2). No fim, cada um de nós é Abel (*hebel*)". O mestre está nos aconselhando não a lamentar essa realidade, mas a encará-la. Ele não se desespera pelo fato de a vida ser como "correr atrás do vento" (Eclesiastes 1:14); o caso aqui é que, como Leithart mostra, sim, a expressão hebraica deve ser traduzida por "pastorear o vento".[12] Esse não é um conselho de desespero ou resignação, mas um convite para reestruturar minhas expectativas, para eu poder "desfrutar" o que está diante de mim, quem está comigo, por mais fugaz que sua presença venha a ser. A questão não é se podemos escapar dessa condição, mas, sim, como receberemos nossa mortalidade, como pastorearemos o que é passageiro e, *ainda assim, dado.* Quando minha esposa, como ela tantas vezes faz, coloca na minha mesa um pequeno vaso de ásteres e zínias, devo lamentar o fato de que essas flores não durarão para sempre? Que seu aroma desaparecerá, que suas pétalas serão lixo em alguns dias? Devo lamentar sua impermanência? Ou devo pastorear o que não posso controlar recebendo-as com gratidão, nutrindo-as o máximo de tempo possível, habitando com sua beleza no agora em que elas são dadas?

E se desfrutar a mortalidade significa pararmos de correr atrás do vento e aprendermos a erguer uma vela?

O autor Robert Hudson atesta que foi um esquisito poema antigo — *A mosca*, de William Oldys — que o ensinou a se tornar amigo da mortalidade.

> O poema me ensinou uma lição incomparável, paradoxal, que no fim das contas é uma chave para praticamente toda a arte em todos os tempos e em todos os lugares: aquilo que nos sobrecarrega também nos eleva. É a chave para os Salmos e para a *Divina comédia,* de Dante, e para os sonetos de Shakespeare e para o *Requiem,* de Mozart, e para as pinturas de Van Gogh. É a lição que séculos de poetas japoneses ensinaram com

seus inúmeros poemas haiku sobre flores de cerejeira. O termo japonês para isso é *mono no aware*, "uma percepção de beleza intensificada pelo reconhecimento da temporalidade". Estou absolutamente certo de que essa é a razão de Deus nos ter dado a arte — para lidarmos com o mistério de nossa mortalidade, para darmos sentido ao fato de que cada vida vem estampada com uma data de validade. Ou será que a própria mortalidade é a dádiva por acrescentar tamanha riqueza à vida?[13]

Esse princípio estético japonês nos proporciona um modo de entender o ato da criatura de abraçar o efêmero. Uma consciência da transitoriedade não precisa transformar-se em lamento melancólico (embora talvez, em um mundo caído e arruinado, essa melancolia e esse lamento sempre existam de forma subjacente e compreensivelmente venham à tona). Uma consciência da transitoriedade pode aprofundar o apreço e a gratidão. De fato, para Yoshida Kenkō, monge budista japonês do século 14, a efemeridade ilumina e acentua a beleza. "Se um homem nunca desaparecesse como o orvalho de Adashino, nunca sumisse como a neblina sobre Toribeyama, como as coisas perderiam seu poder de nos tocar!"[14] A beleza intensa da flor de cerejeira é aureolada pela vida breve de cada flor. Assim, Abutsu-ni, freira japonesa do século 13, aconselhou os poetas a, acima de tudo, prestarem atenção: "Eles precisam saber *mono no aware*, 'O encanto das coisas' — a sensibilidade e a capacidade de perceber as coisas como são — e manter a clareza da mente. Eles precisam observar e manter seu coração atento à dispersão das flores, às folhas caindo, aos orvalhos e às chuvas e ao momento em que as folhas mudam de cor".[15] Uma sensibilidade ao "encanto das coisas": esse, eu sinto, é o caminho para desfrutarmos até mesmo o que é transitório.

• • •

Acho que Hudson está certo: os artistas nos ajudam a estimar da melhor forma esse dinamismo frágil da condição de criatura. Isso inegavelmente é verdade porque a especialidade da arte é ambiguidade e nuança. O que é arte senão a disciplina prática de evocar, mas não definir? Um filme, um poema, uma música podem convidar-nos para múltiplos estados mentais, evocando emoções conflitantes e, ao mesmo tempo, conseguindo mantê-las unidas para habitarmos o mundo com um apreço silencioso pela sua confusão e uma nova humildade diante de sua complexidade. Nossa mortalidade é tensa, e as artes são um bálsamo, não porque nos curem de nossa mortalidade, mas porque nos isentam da necessidade de controlar, de fixar, de escapar. Como a poesia de Eclesiastes, elas nos proporcionam palavras e imagens que honram a complexidade que experimentamos como criaturas.

Nossa mortalidade é carregada — prazer e labuta são companheiros — porque experimentamos muitas perdas trágicas e que não deveriam existir. O que experimentamos não é *apenas* a mortalidade e a condição de criatura, mas sua versão pós-lapsariana arruinada pelo pecado, um mundo que não é *apenas* temporal, mas uma temporalidade em que a Queda causou muita destruição. Torna-se difícil separar a tragédia do que é bom, dos ritmos das criaturas em que até mesmo as coisas boas desaparecem. Pelo fato de a mortalidade neste mundo caído estar tão fortemente unida a desgostos entristecedores, acabamos lamentando a própria mortalidade. Todo declínio se assemelha a um desastre.

Mas habitar a mortalidade é alcançar uma forma de existir no mundo em que nem toda mudança é perda e nem toda perda é trágica — ao mesmo tempo que nomeamos e lamentamos aquelas perdas que não deveriam existir. Como o bailarino de Kierkegaard, estamos de volta naquela corda bamba. Ser fielmente mortal é um ato de receber e deixar ir, de celebrar e lamentar. Ser mortal é a arte de vivermos com a perda, sabendo quando devemos agradecer e quando devemos amaldiçoar as trevas.

O poema magistral de Elizabeth Bishop, *One art*, é justamente uma meditação sobre esse ato precário.

> A arte de perder não é difícil de dominar;
> são tantas as coisas que parecem totalmente determinadas
> a serem perdidas que sua perda um desastre não é.

Perca alguma coisa todos os dias. Aceite o alvoroço
de chaves de casa perdidas, a hora mal-usada.
A arte de perder não é difícil de dominar.

Então pratique perder mais, perder mais rápido:
lugares e nomes e para onde você desejava
viajar. Nenhuma dessas coisas um desastre produzirá.

Eu perdi o relógio da minha mãe. E veja só! Minha última, ou
penúltima, de três casas amadas se foram.
A arte de perder não é difícil de dominar.

Eu perdi duas cidades, cidades amadas. E, mais amplos,
alguns domínios foram meus, dois rios, um continente.
Sinto falta deles, mas um desastre não foi.

— Até mesmo perder você (a voz jocosa, um gesto
que amo), eu não devo mentir. É evidente
que a arte de perder tão difícil assim não é de dominar
embora isso talvez (*escreva-o*!) desastre pareça.[16]

Algumas coisas, a poetisa observa, parecem fadadas a se perder, feitas para seu fim ("obsolescência programada", nas palavras do Vale do Silício). Essas coisas têm um arco de existência, e não devemos ficar surpresos quando desaparecem na escuridão do seu crepúsculo. É necessário aprender a perder: ver os sinais do que está destinado a ser temporário, desfrutar sem agarrar e apertar, para que o desaparecimento dessas coisas não se transforme em desastre. Há uma leveza de toque nesse poema que passa um pouco a impressão de uma tentativa de convencer a si mesmo a adotar essa postura. O sorriso e a risada disfarçada passam a impressão de ser uma tentativa nervosa de fingir e fazer de conta até que seja de fato.

As perdas se acumulam — e isso significa que temos muitas oportunidades de praticar essa arte. Podemos imaginar aprender a perder chaves de carro e coisas parecidas. Dizemos a nós mesmos que perder um relógio não deveria ter importância, a não ser pelo fato de ser um relógio de nossa mãe, e é fácil imaginarmos uma aura em volta dele que o faz ter muito mais valor do que o aspecto material. Isso não é um desastre, mas tampouco uma brincadeira.

As perdas seguem aumentando, o que quer dizer: a poetisa continua a viver.[17] Há um aprofundamento da dor nas perdas posteriores, ainda que elas também devam ser esperadas. Sempre haverá uma última visita a uma cidade natal ou outra cidade que amamos, uma última vez explorando o santuário sagrado da floresta de Montana, uma última aventura na Europa, a última vez que você atravessará a Pont de Notre-Dame e ficará encantado, em silêncio, com a catedral que apresenta as cicatrizes de sua própria combustibilidade.

E então a perda que estamos receando, a perda que sabemos que está vindo: "você". Cada um de nós imagina alguém nesse verso. Há uma arte até mesmo de perder você, e a poetisa não quer mentir: isso deveria ser possível. Mas há um testamento escrito, um protesto que chega à recusa, de que isso certamente tem a aparência de desastre.

Um Agostinho jovem experimentou esse tipo de desastre, uma experiência em que perdemos nossas estrelas e o cosmo inteiro se ofusca e se transforma em uma experiência saturada e sem sentido. Mas, em retrospecto, o Agostinho mais velho diria que sua versão mais jovem ainda não havia aprendido a arte de perder e ainda não havia imaginado como a perda é reestruturada pela ressurreição. "Feliz é a pessoa que o ama", ora Agostinho, "e o amigo dele em você, e o inimigo dele por causa de você. Mesmo que fique sozinho, ele não perde ninguém que lhe é querido; pois todos são queridos naquele que não pode ser perdido."[18] A arte de perder não é fácil; para os mortais, corresponde a um feito acrobático na corda bamba; mas nós praticamos sobre a rede de Deus, que é tudo em todos.

Mais uma vinheta das artes, como vislumbres da arte de perder graciosamente, a dança de habitar mortalmente. Em uma autobiografia vívida em que tenta dar sentido tanto às suas dúvidas quanto à sua fé, que insiste em não deixá-lo, o poeta John Terpstra com frequência se vê surpreso não apenas por estar na igreja, mas também por ansiar por isso. "Esse é o único lugar que conheço em que o tempo e a eternidade se encontram regularmente", confessa ele. Uma parte muito importante disso, segundo Terpstra, é o *canto* (que, como Agostinho já mostrou, é uma arte de efemeridade em si mesma). "Em que outro lugar você canta com um grupo de pessoas?", pergunta ele. "O canto, especialmente em harmonia, opera algo físico. Ele preenche a cabeça como se ela fosse uma câmara, uma catedral. Ele causa vibrações congeniais nas veias e nas artérias que se espalham pelos instrumentos encordoados do corpo. Ele ressoa no corpo." O estranho é que o paroquiano cantando desafinado, de alguma forma, aprofunda a experiência.[19]

Talvez faça sentido, em virtude das reflexões de Agostinho, a efemeridade de o som se tornar, ainda assim, uma câmara na qual é possível encontrar a mortalidade. "Alguns anos após começarmos a frequentar a igreja de St. Cuthbert", lembra Terpstra, "alguém se levantou durante a cerimônia e cantou 'E os mortos ressuscitarão incorruptíveis', de Handel":

> Só o título já me fez pensar em meus três cunhados, que haviam morrido quinze anos antes, no final da adolescência e logo após os vinte anos, todas essas mortes separadas apenas por seis meses entre si, da doença de distrofia muscular, com que nasceram.
>
> E algo aconteceu. O cantor estava com um resfriado naquele dia, e estava tendo dificuldades para alcançar algumas notas. Mas as notas não alcançadas começaram a se misturar com a vida breve dos irmãos, que eles haviam vivido ao máximo, e com pensamentos sobre seus corpos, corrompidos pela doença, até ficar claro para mim que o canto estava combinando com sua memória e com a música mais genuinamente do que se toda nota tivesse sido alcançada em cheio.[20]

Nem toda mudança é perda, e nem toda perda é trágica, mas algumas perdas são trágicas. Por isso a esperança está entrelaçada com o lamento, e até mesmo nossas músicas de ressurreição são entoadas com vozes que racham e se quebram.

• • •

Iniciei este livro relatando uma fase de depressão debilitante. Passei meses, anos, em um mal-estar que devorou minha vontade de viver antes da dádiva de um psicólogo que me ajudou a sair desse buraco. Mais recentemente, ao parecer que a luz poderia ser eclipsada mais uma vez por aquele sol escuro, minha esposa me ajudou a notar uma conexão que poderia ter sido um gatilho. "Não sei se você já chegou a perceber", apontou-me ela, gentilmente, "que sua depressão se instaurou quando nos mudamos para esta casa". Ela estava recordando a mudança da nossa primeira casa para a atual, ocorrida dez anos atrás. Moramos durante uma década em uma casa humilde e aconchegante na rua Baldwin. Foi a nossa primeira casa própria, a casa em que criamos nossos filhos desde que eram bebês até a adolescência, mesmo que ela parecesse cada vez menor à medida que iam ficando grandalhões. Foi uma casa na qual despejamos nosso suor e nossas lágrimas, derrubando paredes, "escavando" uma sala de recreação temporária no porão em que criei um nicho de leitura para as crianças se "enrolarem" com seus livros da série Harry Potter. Foi a casa em que nossos queridos vizinhos, Sue e Melissa, nos surpreenderam audaciosamente após umas férias de primavera e encontramos nossa casa com um novo acabamento de piso em madeira. Foi a casa em que aprendemos a viver em uma cidade, os prazeres de um bairro com vários tipos de atividades e empreendimentos, as riquezas e os desafios de uma comunidade diversificada.

No mesmo instante em que ela sugeriu, eu soube que Deanna estava certa. Tendo experimentado uma mudança traumática na minha infância, meu corpo não se esqueceu. Essa perda é uma das coisas que carrego comigo. Obviamente, havia mil diferenças importantes! Não estávamos sendo arrancados de uma casa; estávamos escolhendo nos mudar para uma bela casa nova na qual nossos filhos poderiam florescer e nós teríamos condições de demonstrar hospitalidade. Nossa mudança não estava conectada com a dissolução de uma família. Mas ninguém disse isso ao meu corpo; ninguém informou às minhas entranhas; ninguém se sentou com a criança desolada que eu carregava na minha alma, para quem se mudar significava uma tragédia — um fim. Sou capaz de perceber agora, com quase uma década de retrospecto e a dádiva de um bom psicólogo: mudar de casa abriu uma ferida.

Eu ainda não havia aprendido que nem toda mudança é perda e que nem toda perda é trágica. Eu ainda não havia aprendido a arte de perder. O único repertório à minha disposição era a arte não tão sutil assim de implodir. Deanna, agora percebo, estava nos convidando para praticar uma arte diferente. No dia em que entregamos as chaves a um novo dono, Deanna guiou todos nós, a família inteira, aposento por aposento, para lembrarmos com gratidão, para recordarmos alegrias e lutas compartilhadas, para revivermos as festas e as "noites do pijama". Aposento por aposento, praticamos a arte de perder que recebia sem se apegar. Nem toda mudança é perda; nem toda mudança é trágica.

Alguns anos depois, nossa filha desafiou nossa proibição parental de fazer tatuagens. Mas ela sabia como conquistar nosso coração. Ela revelou a tatuagem e explicou a sequência de números em seu braço: as coordenadas daquela casa na rua Baldwin, a casa que a construíra.

Em uma de suas primeiras obras, chamada *A verdadeira religião*, Agostinho começa a abordar o que será um tema que perpassará sua obra durante o resto de sua vida: como amar. "O espaço nos proporciona algo para amarmos, o tempo leva embora o que amamos e deixa na alma multidões de fantasmas que incitam o desejo disso ou daquilo. Portanto, a mente se torna agitada e miserável, inutilmente tentando segurar aquilo do qual é escrava. Ela é chamada para a tranquilidade de não amar as coisas que não podem ser amadas sem esforço".[21] O segredo, diz Agostinho, é aprender a amar o que você perderá. Isso não significa desprezar o que não pode durar ou detestar o que é transitório. Significa segurá-lo com a mão aberta, amando-o da maneira apropriada às coisas que são mortais. Quando o amor está ordenado corretamente, podemos abraçar até mesmo o efêmero.

TERCEIRA MEDITAÇÃO

ECLESIASTES
11:7—12:8

[7]A luz é agradável, é bom ver o sol.
[8]Por mais que um homem viva,
   deve desfrutar sua vida toda.
Lembre-se, porém, dos dias de trevas,
   pois serão muitos.
Tudo o que está para vir é vaidade.

[9]Alegre-se, jovem, na sua mocidade! Seja feliz o seu coração
   nos dias da sua juventude!
Siga por onde seu coração mandar,
   até onde a sua vista alcançar;
mas saiba que por todas essas coisas
   Deus o trará a julgamento.
[10]Afaste do coração a ansiedade
   e acabe com o sofrimento do seu corpo,
pois a juventude e o vigor são passageiros.

12 [1]Lembre-se do seu Criador nos dias da sua juventude,
antes que venham os dias difíceis e se aproximem os anos
   em que você dirá:
   "Não tenho satisfação neles";

²antes que se escureçam o sol e a luz,
    a lua e as estrelas,
e as nuvens voltem depois da chuva;
³quando os guardas da casa tremerem
    e os homens fortes caminharem encurvados;
quando pararem os moedores
    por serem poucos,
e aqueles que olham pelas janelas
    enxergarem embaçado;
⁴quando as portas da rua forem fechadas
    e diminuir o som da moagem;
quando o barulho das aves
    o fizer despertar,
mas o som de todas as canções
    lhe parecer fraco;
⁵quando você tiver medo de altura,
    e dos perigos das ruas;
quando florir a amendoeira,
    o gafanhoto for um peso e o desejo já não se despertar.
Então o homem se vai
    para o seu lar eterno,
e os pranteadores já vagueiam pelas ruas.

⁶Sim, lembre-se dele,
    antes que se rompa o cordão de prata,
    ou se quebre a taça de ouro;
antes que o cântaro se despedace
    junto à fonte,
a roda se quebre junto ao poço,
⁷o pó volte à terra, de onde veio,
e o espírito volte a Deus, que o deu.

⁸"Vaidade! Vaidade",
    diz o mestre.
"Tudo é vaidade!"

Eclesiastes 11:7—12:8

O mestre, no fim das contas, é um poeta. Esse conselho final é uma meditação lírica, fruto do crepúsculo de uma vida. Seu cansaço com o mundo é palpável, embora também seja o produto de muita experiência. Mas esse cansaço não é desprovido de esperança. De fato, o próprio ato de legar sabedoria à geração seguinte é uma rebeldia contra o desespero, um ato que transcende a transitoriedade que o mestre observa. Tudo é vapor. E, no entanto, aqui estamos, no século 21, lendo o texto antigo de Eclesiastes.

É fácil imaginar isso como a narração em um filme de Terrence Malick. É possível ouvir um Jim Caviezel velho ou um Matthew McConaughey grisalho narrando cenas de luz cintilante ou nuvens escuras turbulentas, cortinas sendo movidas pelo vento em aposentos abandonados e milagres temporais de amendoeiras em flor, dando fruto e caindo. E rostos: alguns sorrindo, alguns suplicando; olhos fechados sob o calor do sol, olhos chorando no escuro; rostos abaixados e rostos virados para o céu, radiantes e expectantes. Os rostos da vida do mestre passando rapidamente por ele. De certa forma, o mestre está convidando seu aluno para um tipo de viagem no tempo: preste atenção em minhas palavras, ouça o que aprendi nesta vida longa, e você saberá antecipadamente o que descobri apenas depois. Aprenda com o arco da minha vida e você será capaz de "recordar" o que ainda não experimentou. Suspeito que o mestre está velho o suficiente para saber que, infelizmente, poucas vezes os jovens estão preparados para receber essa dádiva.

Examinar uma vida a partir do seu fim acaba produzindo uma separação entre coisas e experiências. Certos prazeres se cristalizam, como o reaparecimento fiel do sol e sua maneira de reacender possibilidades. Aqueles que viveram muitos anos rodearam essa fonte de luz muitas vezes, e todo ano é motivo de satisfação, diz o mestre. Mas esta vida também suporta muitas noites. *Hello darkness, my old friend* [Olá, escuridão, minha velha amiga].

Essa conclusão poética oscila entre "vaidade" e gratidão. Ou não exatamente *entre*, mas gratidão *em meio à vaidade*, até mesmo gratidão pelo que é *hebel*. Lembremo-nos de que "vaidade" não é nossa melhor tradução aqui; toda a vida é um *vapor*, lembra-nos o mestre. Isso não significa que a vida é vazia ou sem sentido; significa apenas que nossa vida é passageira, efêmera, fugaz, dada a ritmos de consolidação e dissolução. Como uma névoa que se dissipa, não somente nossa vida mortal termina, mas também as estações e curtas temporadas que constituem nossa vida inteira se compõem e se formam como nuvens que se mostram sólidas e formidáveis, apenas para desaparecer à tarde.

No entanto, até mesmo no vapor há boas dádivas. O mestre não é como Albert Camus, que nos aconselha a agir *como se*, a dar sentido a algo que não tem sentido, a sermos como Sísifo e, no entanto, apesar de tudo, decidirmos ser felizes. A sabedoria do mestre é diferente: a vida não é sem sentido; ela apenas é breve, líquida, está derretendo, *é difícil de manter. Espíritos encarnados como nós vivem de respirar; o vapor também é água viva. Inale, diz o mestre.*

Portanto, alegre-se, jovem, enquanto é jovem. *Seja* jovem, ainda que seja difícil de entender a juventude até perdê-la (e vocês, velhos, lembrem-se do que perderam e proporcionem aos jovens aquilo pelo qual vocês agora anseiam). Lembrem-se *de quem* vocês são, como criaturas que exibem a imagem do seu Criador, criaturas que receberam um sopro extremamente passageiro. Vivam sua condição de criaturas de forma barulhenta enquanto vocês têm a energia, os sonhos e a alegria única da juventude.

A sabedoria, diz o mestre, é uma consciência de por que o *quando* importa. Essa passagem está repleta de expressões relativas a estações ("os dias da sua juventude") e indicações temporais como "antes" e "durante" e "quando". Quando você entende que a vida é um vapor e reconhece que as fases da vida são tanto esperadas como transitórias, está pronto para habitá-las com expectativas corretas: saber *quando* você está e habitar nisso agora, mas de tal modo que reconheça que isso também passará. Estarmos tão sintonizados temporalmente nos possibilita reconhecer as eras e épocas em que nos encontramos — "os dias em que" nossas condições coletivas mudaram e os homens fortes caminham curvados e as mulheres que trabalham estão cansadas e "o som de todas as canções [...] parece fraco" (12:4). Encarar esses tempos sem a ilusão do "tudo-é-possível-ismo" americano ou alguma variação animada e piedosa. Não ser surpreendido pelas épocas quando o desejo diminuir e o luto for a ordem do dia, quando todos os vasos que retêm água estiverem quebrados e nós estivermos extremamente sedentos. Caminhar e entrar na neblina daquelas épocas em que vemos de forma embaçada através de toda janela e não imaginar que Deus nos deixou, pois até mesmo o vapor é do Senhor.

5

AS ESTAÇÕES DO CORAÇÃO

Como habitar em nosso agora

Para tudo há uma ocasião certa; há um tempo certo para cada propósito debaixo do céu.

— ECLESIASTES 3:1

Experimentamos estações porque a terra está inclinada. Embora os planetas girem ao redor do sol em um plano nivelado, ela está inclinada em 23,5 graus em relação ao plano elíptico — uma realidade curiosa que você talvez recorde do globo em sua aula de ciências da sexta série. Enquanto a terra gira em torno do sol, a inclinação em seu eixo orbital significa que, em uma extremidade da órbita, a terra se inclina na direção para longe do sol; na outra extremidade da sua órbita — seis meses depois —, ela se inclina para o sol.

Essa geometria cósmica nos proporciona o verão e o inverno, a primavera e o outono. O ângulo da nossa jornada anual ao redor do sol também faz nossa localização hemisférica importar. Quando, naquela extremidade da órbita, a terra está se inclinando na direção oposta à do sol, nós que estamos no hemisfério norte, sentimos o frio do inverno e a distância do sol, o que encurta nossos dias. Mas é precisamente então que nossos vizinhos no hemisfério sul experimentam a proximidade daquela bola de gás em chamas que nos proporciona os prazeres do verão. Durante os três meses em que estamos nos aproximando dessa extremidade da nossa órbita, começamos a sentir a inclinação de luz diferente que é o outono, com o ar frio das manhãs indicando que o inverno está vindo. Nosso corpo sabe a diferença entre uma manhã de 10°C em março e uma em setembro, pois temos uma percepção aguda do que está chegando.

Nos extremos, nos dois polos e no equador, as diferenças são muito acentuadas e as estações tendem a se fundir em apenas duas. No equador, a inclinação faz menos diferença e as estações são diferenciadas menos pela temperatura e mais pela precipitação de chuvas: seco e úmido. Mas, nos polos, as duas estações quase equivalem a dois "dias" inimaginavelmente longos: no verão, o sol permanece acima do horizonte durante basicamente seis meses; no inverno, ele desaparece por exatamente o mesmo tempo — um "dia" de seis meses que é apenas noite.

O que realmente diferencia as estações não é a distância, mas a disponibilidade da luz do sol. O que define o verão é não apenas a duração de um dia, mas também a concentração da energia do sol na superfície da terra. No inverno, quando o sol está em um ponto mais baixo no céu, seus raios chegam em um ângulo oblíquo, e a mesma energia é dissipada, espalhada, por assim dizer, menos intensa. No verão, quando o sol está em um ponto elevado no céu, a luz chega de forma mais direta, levando uma energia que torna os milagres possíveis: sementes brotando e se tornando zínias, tubérculos dormentes que estouram e nos proporcionam dálias, flores minúsculas de tomate que acabam se tornando tomates maduros. O mesmo sol brilha sobre nós também em nossos climas moderados durante todo o ano, mas apenas a luz do verão proporciona a colheita do outono. O milho para o gado é colhido de caules secos. As batatas são arrancadas da terra no ar frio do outono. Há uma estranha ironia no fato de nossa safra abundante ser colhida de jardins e campos que estão morrendo. As dádivas chegam ao fim.

As estações do coração

• • •

A chefe Alice Waters fundou seu famoso restaurante em Berkeley, o Chez Panisse, com base na convicção de que nossa relação com a comida deve ser uma forma íntima de nos relacionarmos com a terra que a produz. Nossa maneira de comer deve nos lembrar de nossa dependência da terra e de nossa firme localização em um meiambiente. Na época, o Chez Panisse era uma espécie de expressão vanguardista do que agora conhecemos como jantar "do produtor para a mesa", que foca em ingredientes locais, submetidos a processos orgânicos de forma sustentável, tornando nossos pratos o ponto final de uma cadeia de produção de alimento atenta às necessidades tanto da terra como das gerações futuras que dependerão dela.

Em seu recente manifesto a respeito de *slow food* [comida lenta],[1] *We are what we eat* [Somos o que comemos], Waters expõe os princípios centrais dessa relação com a comida, um credo para a intimidade entre a terra e aqueles que comem dela. Ela contrasta isso com os princípios muitas vezes não expostos, mas ainda assim influentes, da cultura de *fast food* que têm moldado de forma tão agressiva, ainda que secretamente, nossa relação global com a comida e, portanto, com o próprio planeta. A cultura de *fast food* não é apenas devorar hambúrgueres de janelas de *drive-thru*. É um conjunto mais abrangente de princípios que privilegia a conveniência, a uniformidade, a disponibilidade e a velocidade. Esses princípios contrastam com os princípios de formas sustentáveis de comer — o que ela está chamando de cultura de *slow food* — como biodiversidade, mordomia, simplicidade e interconectividade.

Um dos princípios centrais da cultura de *slow food* é o da *sazonalidade*. Ele contrasta com a obsessão da cultura de *fast food* por *disponibilidade*. A cultura de *fast food* é impulsionada por seu próprio tipo de idealismo atemporal que paira acima das realidades do tempo — ela acaba criando um "tempo nenhum" ao tornar tudo disponível em todos os lugares, o tempo inteiro.[2] "Fomos condicionados a esperar a abundância infinita de comidas de verão em todas as estações, ainda que essa simplesmente não seja a forma de a natureza funcionar."[3] Essa ficção fabricada que me faz viver como se sempre fosse a estação de morango tanto deforma minhas expectativas como abala minha sintonia com os bens do mundo.

> Quando você passa o ano inteiro comendo aquelas mesmas frutas e vegetais de segunda categoria, que chegaram por avião do outro lado do mundo ou que cresceram em estufas industriais, não pode de fato perceber como eles são quando alcançam sua estação, quando estão maduros e deliciosos. A essa altura, você já está entediado.[4]

Quando nossos sentidos são insensibilizados por uma disponibilidade fabricada, perdemos a capacidade de experimentar, de julgar, de discernir.

Poderíamos achar que abandonar uma disponibilidade perpétua envolve perda. Mas Waters sugere que, na realidade, ganhamos: "Abandonar essa disponibilidade constante não precisa ser algo limitante", argumenta ela. "Muito pelo contrário. Trata-se de abandonar a mediocridade. É libertador."[5] Quando nosso paladar se adequou a substitutos inferiores sempre disponíveis, tornamo-nos mais ansiosos em relação à escassez e menos criteriosos em relação ao sabor. Trocar a *disponibilidade* pela *sazonalidade* aparenta ser algo assustador. Mas Waters relata sua própria epifania: "A verdade é que a sazonalidade era uma força invisível existente no mundo com que precisávamos lidar todo dia, mas não estávamos totalmente comprometidos a entender o que ela significava. Houve um momento em que, em vez de sermos limitados pela sazonalidade, começamos a abraçá-la".[6] E o que eles descobriram? "Entender as estações nos ensina a ter paciência e discernimento, e nos ajuda a determinar onde estamos no tempo e no espaço e como podemos viver em harmonia com a natureza."[7] *Há analogias espirituais a serem elaboradas aqui.*

Waters acrescenta uma espécie de conclusão que também é pertinente para a questão da sazonalidade de uma vida: "É possível comer de forma sazonal em climas aparentemente inóspitos". Críticos com frequência observam que Chez Panisse desfruta os benefícios de um clima mediterrâneo cuja estação de crescimento é longa e generosa. Quais são as perspectivas de se comer de forma sazonal em Red Deer, Alberta, ou Trondheim, Noruega? Waters se dirige aos céticos com um lembrete de uma antiga tecnologia culinária: preservação. "Estamos tão desacostumados a comer sazonalmente que acabamos nos esquecendo das formas tradicionais de as pessoas preservarem e cozinharem alimentos. Fico impressionada com todas as maneiras possíveis de capturar a sazonalidade: salgar o salmão, defumar o presunto, conservar repolho ou cenouras ou nabo em salmoura, enlatar tomates."[8] Às vezes, sazonalidade significa vivermos de nossas conservas. O que também significa viver de uma maneira que estoca para o futuro. Um dos meus professores de Bíblia certa vez me disse, soando como a sabedoria de Eclesiastes: "Recorde na escuridão o que você aprendeu na luz". Estoque enquanto o jardim é generoso para sobreviver ao inverno vindouro. Porque o fato é, querido amigo, que um inverno está chegando.

• • •

Entre maio e junho, minhas mãos ficam sujas e eu passo muito tempo pensando em santificação.

Após o perigo das geadas de Michigan desaparecer, geralmente depois do Dia das Mães, voltamos para o jardim comunitário Hillcrest, aqui em Grand Rapids. A sensação é sempre de sair de um casulo de inverno. Plantar é fazer a promessa de ficar perto. Somente o cuidado e a atenção extrairão o extraordinário potencial latente nesses mundos minúsculos que chamamos de "sementes". O jardim nos mantém situados, comprometidos com esse pedaço de terra.

Eu realmente sou mais como um jardineiro assistente; Deanna é a mestre jardineira. Graças à sua instrução paciente, desenvolvi minhas habilidades na horticultura ao longo da última década. Por exemplo, nos últimos anos, finalmente aprendi a distinguir entre plantas e ervas daninhas. Como você pode imaginar, a incapacidade de fazer isso é um tanto desastrosa. Às vezes, durante contra-ataques violentos a invasores, eu arrancava os brotos delicados de plantas que estavam começando a aparecer. Em outros casos, minha ignorância significava que eu deixava ervas florescerem, sufocando o que havíamos plantado. Consegue perceber por que fico pensando em santificação?

Há algo focal no ato de arrancar as ervas daninhas. Muitas vezes, enquanto estou de cabeça baixa, focado em um quadrado de terra entre os pimentões e a berinjela, com meus dedos mergulhados na terra, minha mente devaneia com metáforas que aprendi de parábolas e fico pensando no estado da minha alma.

Começo, por exemplo, a meditar sobre o fato de que as mesmas condições que causam o crescimento dos nossos tomates também ajudam as ervas a florescer. Basta um jardim, e haverá ervas. Se plantar sementes é uma promessa de ficar por perto, a esperança de uma colheita significa comprometer-se a estar aqui toda noite, arrancando ervas sob a luz da noite enquanto maçaricos piam e correm, de maio a setembro. É bom ir se acostumando.

Este ano tenho pensado muito em quão tenazes as sementes podem ser. Enquanto arranco cuidadosamente as ervas de entre o milho ou as cenouras brotando, enfio minhas mãos no barro enlameado, sondando debaixo da superfície, almejando alcançar a raiz. Muitíssimas vezes, preciso cavar e cavar, e quando sou capaz de arrancar a raiz, ela talvez tenha a metade do comprimento do meu antebraço. Por que, ó Senhor, as raízes precisam ser tão obstinadas, e as plantas, tão vulneráveis? Será que as raízes dessas ervas indesejáveis precisam ir tão fundo, sendo o fruto que quero cultivar tão frágil? Será que esse processo de arrancar ervas não tem fim?

Obviamente, estou falando de um mistério: o jardim que é o coração humano.

A jardinagem transformou nossa maneira de habitar o tempo. É como se um ritmo diferente de expectativas e obrigações se sobrepusesse aos outros calendários de nossa vida: acadêmico, litúrgico, gregoriano.

As estações do coração

Fevereiro não é mais a depressão do inverno, quando o cinza do leste de Michigan é demasiadamente opressivo; também é o mês em que os catálogos de sementes chegam e Deanna começa a planejar para maio. Fevereiro é transformado em expectativa. Março e abril são o período de plantar sementes em cima de um tapete aquecido, debaixo do calor de lâmpadas no cômodo com forno que fica no porão, dando-nos uma vantagem em relação à primavera. Esse é um período de sonhar com o que sementes novas e exóticas reservam para nós. Também é o início do nosso confinamento: essas criaturas vulneráveis em seus quadrados minúsculos de terra precisam de cuidado diário. Não sairemos de perto delas durante seis semanas.

Em climas do norte como Michigan (oscilamos entre zonas de crescimento 5 e 6), a maior parte do plantio do jardim comunitário Hillcrest ocorre após o feriado do Memorial Day. O pedaço de terra limpo e cultivado aguardando sementes e plantas é um campo de possibilidades: o prazer de plantar é comparável somente à satisfação da colheita. O período intermediário é o longo suor do que concebo como "tempo ordinário" agrícola, o período de arrancar ervas e de regar, quando estamos hiperssintonizados com nuvens e previsões meteorológicas e rechaçando o ataque de invasores como salsinha-brava e tasneira. Há algo incessante nesse período, com todo o trabalho apresentando resultado de longo prazo. Estamos fazendo isso há uma década. Não há nada surpreendente. Decidir cultivar um jardim é comprometer-se com a tarefa. É o que suportamos em favor da colheita.

Acho que quero dizer que a jardinagem, com todas as suas microestações dentro de estações, me sintonizou com a sazonalidade — a maneira de o tempo ser vivido em janelas, pedaços da história entre parênteses. A própria vida é epocal, mesmo que a escala seja simplesmente *minha* vida, que dificilmente é épica. Sazonalidade significa que, em vez de ser governada pelos tique-taques incessantes de um ponteiro de minutos, a vida se desdobra em *eras*. Enquanto minutos, dias e anos dividem e medem o tempo cósmico do curso da Terra em volta de uma estrela anã, para criaturas temporais como nós, a *estação* talvez seja a forma mais natural de marcar o tempo. A resposta à pergunta "em que momento estou?" não é seis horas ou 2023; é algo mais como juventude, meia-idade, o capítulo 3 de uma vida. O mesmo se aplica a um contexto coletivo e comunal, seja um casamento, uma instituição ou até mesmo uma nação. Perguntar "em que momento nós estamos?" é menos uma questão de contar os anos e mais de discernir uma estação, de saber o que esperar, de saber que, em todas as estações, estamos girando ao redor do Filho.

· · ·

O Mestre de Eclesiastes, focado quase brutalmente no que significa ser mortal, reconhece a sazonalidade do tempo das criaturas:

> Para tudo há uma ocasião [estação] certa, há um tempo certo para cada propósito debaixo do céu:
>
> Tempo de nascer e tempo de morrer,
> tempo de plantar e tempo de arrancar o que se plantou,
> tempo de matar e tempo de curar,
> tempo de derrubar e tempo de construir,
> tempo de chorar e tempo de rir,
> tempo de prantear e tempo de dançar,
> tempo de espalhar pedras e tempo de ajuntá-las,
> tempo de abraçar e tempo de se conter,
> tempo de procurar e tempo de [perder],
> tempo de guardar e tempo de jogar fora,
> tempo de rasgar e tempo de costurar,
> tempo de calar e tempo de falar,
> tempo de amar e tempo de odiar,
> tempo de lutar e tempo de viver em paz (Eclesiastes 3:1-8).

A compilação poética apresentada pelo mestre da variedade de episódios da vida, imortalizada na cultura popular pela música de Pete Seeger

Turn! Turn! Turn!, conhecida principalmente na versão da banda The Byrds, transmite um senso de inelutabilidade. Uma vida vivida "debaixo do sol" deve esperar nascimento e morte, pranto e dança, guerra e paz da mesma forma que esperamos a primavera e o outono, o verão e o inverno. Há uma previsibilidade, até mesmo uma inevitabilidade, em relação a esses tempos. O equilíbrio existencial pode ser encontrado por alguém que não fica surpreso com a chegada desses tempos e dessas estações da vida. Se pudermos cultivar um senso de expectativa, não ficaremos desancorados durante uma estação de choro; não esperaremos uma dança perpétua; até mesmo poderíamos estar preparados para nos perguntar: "Chegou minha hora de morrer?" e, assim, receber até mesmo essa estação com uma serenidade graciosa.

Quando o Mestre atribui sazonalidade a esses momentos, está nos exortando a reconhecer que essas experiências duram algum tempo. São episódios de duração, e não acontecimentos pontuais. O nascimento não é apenas um dia, mas uma época — o tempo de esperar, o suplício do parto, os meses seguintes da reconfiguração de hábitos de uma família e a reconstituição de um corpo. Quando, em retrospecto, examino nossa vida com quatro filhos, cujos nascimentos foram separados por dois anos entre cada um, de alguma forma o "tempo" de nascimento durou dez anos. Embora tenhamos recebido a cópia obrigatória de *What to expect when you're expecting* [O que esperar quando você está esperando um filho], de alguma forma ninguém nos disse que essa época de labuta e persistência duraria anos. Não imaginamos que estávamos entrando em um capítulo do nosso casamento que duraria uma década. Ninguém nos ensinou a esperar os reflexos dos traumas no corpo de uma mãe ou mencionou as realidades da depressão pós-parto (era o início dos anos 1990) ou foi franco sobre os desafios da intimidade física e sobre como isso criaria distância e até mesmo tensão ao precisarmos ser parceiros na criação dos filhos. Olhando em retrospecto para essas lutas por um casamento no início, ouço de novo o conselho de Eclesiastes e estou convicto de que, se alguém nos pudesse ter ajudado a reconhecer as estações em que estávamos, e sua própria sazonalidade, teria transformado nossas expectativas e nossos esforços. O reconhecimento teria proporcionado sua própria graça de suportar.

Afirmar que nossa vida mortal se desdobra em estações é enfatizar que as experiências têm sua própria auréola temporal. Os episódios tendem a ser longevos, e a própria capacidade de experienciar *leva tempo*, em dois sentidos: é necessário tempo para a experiência ocorrer, mas também a experiência tira parte do nosso tempo, consome tempo, pode às vezes dominar nossa vida durante tanto tempo que a estação é definida pela experiência, mesmo que ainda precisemos escovar os dentes e levar o lixo para fora e pagar nossos impostos e ir à igreja.[9] Há tempos em nossa vida — tanto individual como coletivamente — que serão dedicados ao que a estação da vida exige. Nesse sentido, uma estação é *focal*. Ela exige algo de nós, mas, se entregarmos tempo para isso — dedicando-o à experiência, permitindo tempo necessário para ela se desdobrar —, também receberemos algo de volta: levamos algo da experiência.

Dizer que há um tempo de morrer e uma época de prantear é reconhecer que morrer exige algo de nós e prantear leva tempo. Essa percepção molda a prática de luto judaica do sentar-se no *shivá*. Durante sete dias, os enlutados vão à casa de quem experimentou a perda de alguém para ficarem sentados tradicionalmente em banquinhos ou caixas baixas, de modo que são "trazidos para baixo" com aqueles que experimentaram perda. Os que estão de luto não trabalham, e aqueles à sua volta ajudam a prantear a morte de vários modos. O prolongamento da experiência efetuado por essa estrutura ritual proporciona um ambiente para entender corretamente a ação de prantear como algo que precisa ser experimentado como um meio de encontrar paz, estabilidade, aceitação (ainda que o ente querido seja lembrado regularmente no *Yahrzeit*, o aniversário anual da sua morte). A prática do *shivá* ilustra o paradoxo: tirar tempo dá retorno. Dedicarmo-nos à estação é uma maneira de recebermos o que precisamos para partir para a seguinte.

Deixar a estação levar o tempo que exige às vezes pode ser algo exaustivo e não significa revigoramento imediato. Às vezes, o que precisamos

As estações do coração

fazer é passar por uma estação de avaliação, incluindo um acerto de contas com nossos próprios pecados e falhas (coletivos). Dedicarmo-nos a essa estação — focarmos no que ela exige — significa não termos pressa para resolvê-la ou escapar, mas, sim, suportar, aguentar, deixar ir o que precisa ser levado de nós. O conselho do mestre é como um precursor hebraico antigo de Alice Waters: em vez de sermos limitados pela sazonalidade, devemos abraçá-la. "Levar o tempo necessário" é uma maneira de a estação nos moldar e, em última instância, há uma confiança em que a mão providencial e cuidadosa de Deus não apenas se encontra por trás da estação, mas também está nos sustentando *através* dela.

Se a sazonalidade é um reconhecimento de inevitabilidade e duração, também há um sentido de designação nessa passagem: "um tempo *para* cada propósito", "um tempo *para* agir". Se existem estações em que devemos ter a expectativa de certas experiências em nossa vida, também há tempos em que devemos executar certas ações. Embora algumas dessas estações cheguem sem o nosso convite (nascimento, morte, choro, riso), grande parte do que o mestre aconselha aqui pressupõe nossa agência. Nesse sentido, Eclesiastes está tanto nos ensinando o que devemos esperar como nos exortando a reconhecer o que é necessário fazermos, o que é demandado *de nós* nas diferentes estações. Às vezes, somos chamados para abraçar; em outras, o melhor a fazermos talvez seja dar testemunho da justiça, recusando-nos a abraçar alguma pseudorreconciliação. Haverá momentos em que devemos construir, lançar, fundar; mas, em um mundo transitório, às vezes ter sabedoria significará saber quando devemos encerrar algo e desmontar. Talvez, para nós, seja difícil imaginar uma estação que exige arrancar, rasgar; não devemos ser costureiros, remendeiros, consertando o tecido social? Sim, mas às vezes isso significa rasgar as bandeiras e os monumentos que serviram de barreiras para a inclusão total, lembranças de terror que apenas merecem ser derrubadas. Seremos desafiados a nos perguntar: "Será que esse é um tempo para eu ficar quieto?" sem ficarmos aflitos achando que nunca seremos ouvidos de novo. (Homens brancos, estou falando conosco!)

143

COMO HABITAR O TEMPO

As estações são focais na medida em que demandam algo de nós durante um tempo. Mas essa demanda não é apenas passiva (significando que devemos passar por algo); às vezes, a estação exige sermos ativos e agenciais: somos chamados a *fazer* algo "para um momento como este" (Ester 4:14).

Mas aqui o Mestre aparenta deixar de fora algo crucial. Embora nos aconselhe corretamente a reconhecer, tanto individual como coletivamente, que nossa vida será vivida em estações e, portanto, a reconhecer o que os tempos exigem, o que ele não nos diz é *como sabemos que tempo é*. Como reconhecemos nossa estação, seja de forma coletiva ou individual? Como sabemos quando é o tempo de plantar ou o tempo de arrancar? Quando uma estação entra em foco, e como nossa responsabilidade e nossa chamada nessa estação entram em foco? Podemos saber *em meio a ela*? Como?

• • •

Voltamos de novo a uma das disciplinas centrais da consciência temporal fiel: o *discernimento*. Mais arte do que ciência, o discernimento é um esforço de orientação, e estou sugerindo que um dos exercícios de discernimento mais significativos que podemos empreender ao longo da vida é a localização *sazonal*. O desafio é que, na maioria das vezes, essa estação se forma posteriormente: apenas após termos experimentado um "tempo" como o descrito por Eclesiastes que o reconhecemos como uma estação. Esse é o sentido da afirmação feita por Hegel de que a coruja de Minerva levanta voo ao cair do crepúsculo: a percepção tende a se cristalizar quando as coisas terminam.

Mas, para proporcionarmos sabedoria sobre como viver, temos de discernir nossa localização sazonal enquanto estamos *in medias res*, no meio das coisas. Nesse sentido, o discernimento é mais parecido com uma ecolocalização do que com a visão geral de um olhar divino. Nunca nos permitimos ser capazes de *transcender* nossa estação, de nos elevar acima dela e de ver a totalidade com alguma espécie de drone espiritual.

144

O discernimento, especialmente o discernimento espiritual, é mais como estar em meio a um milharal e ficar em silêncio absoluto para talvez conseguir ouvir o barulho de uma caminhonete na estrada de cascalhos ou o murmúrio fraco do riacho e, então, orientar-se.

Ou poderíamos dizer que o discernimento é um pouco como o sono. Por um lado, agimos para nos preparar para dormir: eu começo meu ritual noturno de ler e, quando sinto o sono chegando, me acalmo e escureço o quarto; coloco-me na postura que, segundo descobri, com frequência é o modo de eu adormecer; começo a respirar mais calmamente e espero. No entanto, essa espera é a própria atividade. Eu me preparei para (espero!) a chegada gentil do sono, uma espécie de dádiva noturna cotidiana.

Da mesma forma, o discernimento habita esse espaço entre a atividade e a recepção. Em *Gaudete et exsultate,* a exortação do papa Franciso à santidade no mundo atual, ele nos recorda que o discernimento é, em última instância, o recebimento de uma dádiva. O discernimento, diz ele, "demanda algo além de inteligência ou senso comum. É uma dádiva pela qual devemos implorar. Se pedirmos com confiança que o Espírito nos conceda essa dádiva, e então buscarmos desenvolvê-la por meio de oração, reflexão, leitura e boa orientação, então certamente cresceremos nesse dom espiritual".[10] O discernimento demanda algo de nós, mas não é um feito da nossa inventividade; "o discernimento é uma graça".[11] Apenas precisamos alcançar a postura de receptividade para acolhê-la.

Toda estação serve para ouvir e talvez especialmente para escutar vozes e sussurros aos quais você não deu atenção antes. Nesse sentido, o discernimento deve ser uma disciplina espiritual importante e contínua da vida e da comunidade cristã. "O discernimento é necessário não apenas em tempos extraordinários, quando precisamos resolver problemas graves e tomar decisões cruciais", continua o papa Francisco:

> Precisamos do discernimento em todos os tempos, para nos ajudar a reconhecer o tempo de Deus, a fim de não deixarmos de escutar as sugestões da

sua graça e não rejeitarmos seu convite para crescer. Muitas vezes o discernimento é exercido em coisas pequenas e aparentemente irrelevantes, visto que a grandeza de espírito se manifesta nas realidades cotidianas simples. Ele envolve empenhar-se para obter desimpedidamente tudo o que é excelente, melhor e mais belo, sem deixar de lado o interesse nas coisas pequenas, nas responsabilidades e nos compromissos de cada dia.[12]

O discernimento da estação é um esforço para escutarmos nosso chamado focal para um tempo e para observarmos como nosso foco deve organizar nossa vida durante uma estação, ainda que continuemos a ser chamados a lidar com todos os outros compromissos cotidianos.

Não é a mesma coisa que priorização, embora certamente esteja relacionado com isso. Em uma escala pessoal, por exemplo, discernir a estação muitas vezes será uma questão de buscar ouvir qual aspecto dos meus múltiplos chamados deve ter precedência e, então, viver na liberdade desse foco. "Ah, ok: é isso que eu deveria estar fazendo *agora*". Isso não significa que não sentiremos esse chamado como um trabalho penoso. Mas dedicar-se a isso durante uma estação sempre se faz acompanhar da percepção de que não durará para sempre.

Muitos, por exemplo, experimentam uma longa estação em que a criação de filhos é um chamado focal. ("Isso também há de passar!", esse é o conselho do pai cujos filhos já saíram de casa.) A estação é uma mistura de terror e alegria, de exaustão e satisfação. E, com frequência, coincide com outros tempos essenciais na vida dos pais — a fase inicial de um casamento, quando ainda estamos fundindo e negociando nossas próprias histórias familiares; tempos de aspiração profissional; às vezes, a experiência de perda de pai ou mãe. Reconhecer uma parte substancial da própria vida como uma estação dedicada à criação de filhos deve ter um efeito mitigador sobre outras obrigações, o que deverá, em algum sentido, ser libertador. Sou lembrado de que nem sempre preciso fazer tudo de maneira perfeita: neste exato momento, nesta estação, nosso foco é esta coisa central: cuidar dessas dádivas vulneráveis que Deus nos confiou, para que floresçam e se tornem portadores da imagem divina. Ao levar seu filho mais velho para a universidade, você começará a sentir o outono dessa estação no ar e ficará se perguntando para onde será que ela foi. A estação de nos dedicarmos ao cuidado paternal e maternal é aquele pedaço da nossa história pessoal em que nossos filhos são a encarnação mais próxima e personificada do próximo que somos chamados a amar — mesmo que também sejamos chamados a amar o próximo que foi vítima de assaltantes.

Nos capítulos mais tardios de uma vida, talvez constatemos que, não importa o que tenhamos planejado para aquela estação, o Espírito está nos chamando para cuidar de um ente querido doente e definhando. Responder a esse chamado é reconhecer um foco vocacional para um tempo. Dedicar-nos ao que talvez seja difícil; talvez também tenhamos de experimentar luto pelo que planejamos. "Precisamos estar dispostos a deixar a vida que havíamos planejado", diz E. M. Forster, "para termos a vida que está nos aguardando".[13] Dedicar-nos ao fardo é confiar-nos ao Deus que chama.

Às vezes, como um boxeador ao final de um *round*, o que precisamos ouvir para uma estação é: "Descanse". Não é apenas a pausa episódica de umas férias, mas uma estação prolongada de recolhimento, um tempo em que estamos focados em revitalização, restauração, revigoramento. Se estivermos envolvidos e ativos (por exemplo, na vida pública) ou se acabarmos sendo engolidos pela dinâmica de atenção que caracteriza nosso mundo "instagramizado", essa estação de recolhimento pode passar a impressão de isolamento. Ela poderia, para alguns, ter a aparência de um tipo de egoísmo. Mas isso é enxergar a vida como uma fotografia, e não como um vídeo. No decorrer de uma vida, uma estação intencional de afastamento, até mesmo uma estação de se voltar, de maneira espiral, para a interioridade, talvez seja exatamente o que se faz necessário para nos transformar em servos melhores.

Em outros casos, discernir uma estação significa reconhecer que experimentaremos algo por um tempo e nos dedicaremos a isso. Talvez começar a ganhar uma atenção inesperada, talvez por causa de uma realização notável — talvez seus quinze minutos de fama tenham chegado. Ou isso pode ser algo muito mais difícil: a irrupção de um trauma familiar ou de uma doença introduz um sofrimento inescapável; uma noite escura da alma; a solidão desalentadora de um tempo em que Deus aparenta estar não apenas distante, mas também ausente, e talvez até mesmo alguém em quem não conseguimos crer. Por mais estranho que isso talvez soe, se Eclesiastes está certo, há momentos para *viver com* essas coisas, para habitar com elas, a fim de deixá-las cumprir sua função. Reconhecer sua sazonalidade é lhes conceder foco por um tempo — dedicar-se a isso —, mas de uma maneira que o reconhece como temporário e transitório. Vá fundo; mas não se acostume.

Isso também se aplicará à nossa vida coletiva em instituições e nações. Aqui a dificuldade é ampliada pela confusão da história, com suas muitas variáveis e enredos diferentes. O discernimento também é mais complicado quando estamos tentando captar exatamente nossa localização coletiva no tempo e na história.[14] Sem dúvida, esse é o caso em que um *nós* coletivo — seja "nós, o povo" ou "nós, paroquianos" ou "nós, agricultores" — experimenta a história em pedaços que chamamos de "estações".

Nossa experiência recente com a pandemia da Covid-19 pode ser um bom exemplo. De formas que nunca poderíamos ter previsto, o mundo inteiro foi lançado em um tempo compartilhado que, para muitos de nós, foi inédito. A estação pandêmica demandou coisas de nós — por exemplo, uma nova intencionalidade em nossa solidariedade, por causa da saúde pública, em que, paradoxalmente, cuidar significou ficar longe. Tornou-se uma estação que exigia uma nova intencionalidade em nosso culto e em nossas amizades (em Michigan, cultivar amizades significou ficar sentado ao redor de fogueiras em temperaturas negativas, embrulhados em casacões, envolvidos em sacos de dormir). Precisamos criar novos hábitos para responder ao chamado comunitário. Muitos também experimentaram essa estação de distanciamento social e isolamento e esse desgaste psicológico como uma estação de "abatimento"[15]. Assim, fizemos a pergunta mais uma vez: o que se espera de nós agora? Empregando a energia para responder aos chamados da saúde pública, muitos de nós nos permitimos relaxar de formas que nunca experimentamos antes — a permissão gloriosa de ser improdutivo. "É uma pandemia!", dissemos a nós mesmos e uns aos outros, concedendo-nos permissão por um tempo (confissão: eu joguei duzentas horas de corrida de Fórmula 1 no meu recém-comprado Sony PS4 ao longo de 2020. Não me arrependo nem um pouco). Coletivamente, todos nós estávamos tentando encontrar formas de viver em uma estação que era focal e exigente. Discerni-la *como* uma estação era quase óbvio demais; discernir o que fazer *na* estação demonstrou ser algo mais desafiador.

Sou lembrado de uma observação inspiradora feita por Apsley Cherry-Garrard sobre a dádiva estranha de uma nevasca de verão na região antártica:

> A temperatura, nunca muito baixa, aumenta, e você não fica com frio na barraca. Às vezes, uma nevasca é uma folga bem apropriada e agradável: após semanas de muito empenho de tração, arrastando-se para acordar toda manhã, sentindo-se como se tivesse acabado de ir dormir, com a força mental que eventualmente o trabalho entre fendas de geleira envolve, é um prazer enorme ser forçado a dormir por dois ou três dias. Você pode dormir sem parar praticamente o tempo inteiro, acordando para comer ou despertando algumas vezes para ouvir, do calor macio do seu saco de dormir de rena, o estrondo profundo da barraca se agitando ao vento, ou em um estado sonolento você pode visitar outras partes do mundo, enquanto a neve levada pelo vento murmura contra a barraca verde na sua cabeça.[16]

Às vezes, precisamos de uma nevasca para nos permitir sonhar. Uma estação em que estamos cercados poderia ser uma dádiva porque aprendemos algo sobre nós mesmos que não teríamos descoberto em nossa vida extremamente ocupada e frenética. O discernimento não é alguma afirmação mágica de tudo o que vier a acontecer; é uma atenção às dádivas que talvez tenhamos ignorado.

Mais um exemplo de uma estação coletiva seria o tempo marcado pelo assassinato de George Floyd e a maneira de sua morte, causada pelo fato de a polícia haver catalisado uma estação de acerto de contas com o racismo sistêmico — uma estação na qual verdadeiramente ainda nos encontramos.[17] Muitos reconheceram isso como um tempo de extirpar preconceitos e eliminar barreiras; um tempo no qual as pessoas brancas que desfrutam de poder e privilégio avaliarem não somente seus preconceitos pessoais, mas também seu envolvimento em sistemas que as beneficiaram e intencionalmente marginalizaram, excluíram e oprimiram as pessoas negras; um tempo em que uma maioria branca deve ouvir e uma minoria negra deve falar. *Abraçar* a sazonalidade, na formulação de Alice Waters, é habitar intencionalmente o que os tempos demandam de nós — nem ter pressa nem se demorar, mas, sim, ouvir, dar atenção, experienciar, avaliar. Essa estação não pode passar enquanto ainda há injustiça.

• • •

Aprenderemos a abraçar a sazonalidade somente se cultivarmos a dádiva do discernimento. É o discernimento que nos permite compreender a estação em que nos encontramos, o que a estação exige de nós e o que poderíamos precisar dela. Abraçar a sazonalidade é cultivar a disponibilidade para o momento, confiando-nos ao Senhor da história e desejando vivenciar e fazer parte do mistério que é o tempo. Isso exige um tipo especial de paciência que é uma disposição a não julgarmos um zigue antes de vivenciarmos o zague, por assim dizer — esperar a estação se desenvolver antes de lamentarmos o que ela tirou de nós. Às vezes, as dádivas surgem no fim.

Essa postura de discernimento, já enfatizei, exige escuta em espírito de oração em meio às situações, pois nunca temos o luxo de estar acima do combate, examinando nosso agora a partir de uma posição de tempo nenhum. No entanto, há uma forma de quase trapacear e sair do seu agora. Se você quer transcender o tempo, construa amizades que atravessem gerações. Embora não possa sair da sua estação, você pode escutar aqueles que vivenciaram essas estações. Na minha experiência, essa é uma das maiores dádivas das amizades multigeracionais.[18] A amizade, sob esse aspecto, é comparável a uma viagem no tempo. Há padrões de uma vida humana que, apesar de nossas afirmações de completa singularidade, são, na realidade, repetidos e compartilhados. Nunca somos tão especiais quanto imaginamos, e uma parcela enorme do que os seres humanos suportam e celebram aos oitenta anos e aos sete é compartilhada. Se somos capazes de abandonar o mito da singularidade total, então escutar aquelas gerações anteriores é uma maneira de aprendermos com nosso futuro. Certamente, está na natureza da juventude desprezar essas dádivas. Mas, quando somos humilhados, as amizades que atravessam gerações se tornam uma corda salva-vidas, um meio quase sacramental de transcender o alcance do nosso agora, conforme Deus nos for proporcionando um vislumbre do nosso momento a partir de fora.

Mas as dádivas atravessam o tempo nas duas direções. As gerações mais antigas que escutam com atenção as mais jovens tiram proveito de ouvidos diferentes para escutar o que está sendo sussurrado ou gritado no presente. Como professor universitário, minha sensação é que toda sala de aula é uma máquina do tempo, que todos os alunos ao chegarem são uma nova remessa do presente e que são minha única forma de se conhecer esse presente.

Na minha experiência, com enorme frequência a palavra que é proferida de amigos mais velhos soa como o próprio evangelho quando dizem: "Não tenha medo". Você poderia examinar a vida de um amigo mais velho, que aparenta ter propósito, ser sólida e serena, e acabar imaginando que ela sempre foi um caminho reto. Ao examinar essa vida a partir da situação difícil em que você se vê — esmagado, falhando e se debatendo —, é fácil estar inclinado tanto ao desespero como à inveja. Mas então, conversando com essa pessoa, descobre que ela vivenciou estações passadas que você não viu. Você acaba entendendo que esse amigo encontrou essa vida após sair de uma estação muito semelhante à que você está suportando. De fato, uma conversa com esse amigo poderia finalmente cristalizar para você o fato de você estar *em* uma estação. Essa conversa não interrompe a estação difícil, mas gera esperança imediatamente, pois agora você está recebendo um relato do outro lado que saber que há vida além do que gera pressão agora e bloqueia nossa capacidade de ver um futuro diferente. Quando um amigo mais velho relata um futuro que você não poderia imaginar, uma nova possibilidade é infundida em sua imaginação. Isso se chama esperança.

No futuro, reconhecer a estação em que se encontra significará reconhecer que você é aquele que agora é a pessoa mais velha, aquele que suportou, aquele que pode voltar para os amigos mais jovens com a sabedoria extraída de sua experiência. Como o filósofo de Platão que está convicto de que precisa voltar para a caverna, você tem a obrigação de voltar no tempo, por assim dizer, simplesmente ao orientar alguém que agora está vivenciando uma experiência a que você sobreviveu. Trocar testemunhos entre gerações transforma a comunhão dos santos em uma máquina do tempo.

• • •

Aprender com os que vieram antes é pertinente de forma especial para o ritmo da nossa vida pessoal, em que estações como a adolescência e a meia-idade, a pós-universidade e a pós-aposentadoria, embora não universais, não deixam de ser amplamente compartilhadas e experienciadas repetidas vezes por sucessivas gerações. Embora cada vida humana seja um mistério, uma constelação particular de experiências tão singular quanto uma impressão digital, também há um sentido em que a forma de uma vida, mesmo que não seja previsível, pelo menos segue um padrão.

Essa situação me parece ser menos aplicável em nível coletivo. Os padrões são menos previsíveis para instituições e nações porque os vetores da história estão mais inclinados a surpreender. Obviamente, há analogias e padrões a serem discernidos. Não é à toa que não conseguimos parar de estudar a história de Roma, visto que ela abriga percepções para nós no século 21. Ou considere que nos vemos em um momento da história no qual os comentaristas e analistas indagam se estamos experimentando um "recuo democrático", preocupados com que tipo de presságio do futuro isso representa.[19] E, embora existam padrões experimentados por muitas empresas e instituições, sendo essa a razão de todos nós estarmos familiarizados com a "síndrome do fundador", histórias institucionais e nacionais raramente se repetem. Instituições e nações são entidades que atuam como agentes *sobre a* história e *na* história de uma forma singular que também os torna sujeitos que se apresentam, de modo singular, como picos e rebentações das ondas da história. Parece haver menos repetibilidade nessa história, o que significa que o discernimento, embora não seja exatamente algo novo, é pelo menos muito mais improvisado aqui. Embora toda organização ou empresa precise, em algum momento, lidar com a transição do fundador e da geração fundadora para a liderança seguinte, nenhuma empresa ou organização no passado precisou negociar o advento da internet ou solucionar a dinâmica da questão de uma economia baseada em trabalhos temporários. Embora talvez haja lições a serem aprendidas com a experiência da igreja suportando uma pandemia global cem anos atrás, esse caso anterior não produzirá muita percepção sobre a maneira de o culto virtual e a tecnologia de radiodifusão e teledifusão terem produzido um efeito indelével no culto das igrejas. Há parâmetros permanentes na história, mas a história também é uma fonte de novidades se revelando que demanda outro tipo de discernimento, especialmente no nível coletivo das instituições.

O que é necessário é uma maneira particular de dar atenção à história, menos pelo fato de aqueles que vieram antes terem experimentado o que agora estamos suportando, e mais por precisarmos entender como chegamos até aqui. Somente se entendermos em que momento estamos, seremos capazes de criar um futuro. Esse também é um tema na orientação do papa Francisco sobre o discernimento em anos recentes. Enraizado na convicção de que "Deus está em ação na história do mundo", Francisco insiste em que o discernimento exige sermos uma espécie de aprendizes da história. "O acúmulo de experiências ao longo da história é o tesouro mais precioso e confiável que uma geração herda da outra. Sem nunca nos esquecermos da revelação divina, isso ilumina e dá sentido à história e à nossa existência."[20] Ele cita a sabedoria de um de seus predecessores, o papa (agora santo) João XXIII, na abertura do Conselho Vaticano II, em 1962, em que adverte contra aqueles para quem o futuro é apenas e sempre uma história de declínio: "Nas condições atuais da sociedade humana, eles não são capazes de ver nada além de ruína e desgraça; ficam dizendo por aí que, em nossos tempos, em comparação com o passado, tudo está pior; e até mesmo chegam a se portar como se não tivessem nada a aprender com a história, que é a nossa mestra".[21] O cerne do discernimento é abordar a história como uma mestra.

Uma forma de se referir a esse tipo de atenção à história — um estado de aprendizes da história que a torna nossa mestra — é a *genealogia*, não no sentido limitado de traçar uma árvore genealógica, mas no sentido mais profundo de compreender a dinâmica do passado que moldou nosso presente. O discernimento não é bem-servido por histórias autocongratulatórias que simplesmente narram nossas mitologias fundadoras e confirmam as histórias que contamos a nós mesmos. O discernimento exige uma atenção à história que está disposta a se mostrar vulnerável ao que enterramos, ignoramos e preferiríamos não ouvir. Somente quando encararmos essas facetas de nossa história é que seremos capazes de entender genuinamente *em que momento* estamos e *quem* nos tornamos.

Um número demasiado alto de nossas histórias é composto por hagiografias. O que o discernimento exige é a disciplina da genealogia e, sob esse aspecto, faria sentido buscarmos aprender com figuras como Friedrich Nietzsche e Michael Foucault, que, de muitas formas, são muito mais honestos do que muitos religiosos sobre os caprichos da existência humana. A genealogia, segundo Foucault, "não tem a aparência da evolução de uma espécie e não delineia o destino de um povo". Em outras palavras, o tipo de história que aprendemos na genealogia não é uma narrativa retilínea de progresso e avanço.

Pelo contrário, seguir a trajetória completa da descendência é manter acontecimentos passados na dispersão adequada; é identificar os acidentes, os desvios minúsculos — ou inversamente, as inversões completas —, os erros, as avaliações falsas e os cálculos defeituosos que deram origem àquelas coisas que continuam existindo e têm valor para nós; é descobrir que a verdade ou a existência não mentem na raiz do que sabemos e do que somos, mas, sim, a exterioridade dos acidentes.

Mesmo que afirmemos que vivemos, nos movemos e existimos no Deus Trino, a economia da criação significa que nosso momento presente é moldado por esses acidentes, o conjunto de contingências em redemoinho que se solidificam como uma vida, uma sociedade, uma história. A genealogia reconhece que nosso presente está apoiado não em alguma base predeterminada, mas em "um conjunto instável de falhas, fendas e camadas heterogêneas que ameaçam a partir de dentro ou de baixo".[22] Essa história minuciosa, honesta e vulnerável que encara nossas falhas e erros, os desvios e as saídas equivocadas, é o tipo de autoexame coletivo necessário para o discernimento genuíno que conduz a um futuro redentor.

Esse trabalho pode ser um acerto de contas. Mas o discernimento para um futuro fiel somente é possível se estivermos dispostos a empreender esse trabalho genealógico. Se a sazonalidade exige discernimento, o discernimento exige tanto disponibilidade como abertura às surpresas de Deus, por um lado, bem como a disposição a nos deixarmos ser surpreendidos ao encararmos as histórias que enterramos e apagamos.

• • •

Analisamos o fato de as estações serem transitórias e, ao mesmo tempo, focais. As estações são temporárias, mas nos legam algo que continuamos carregando. As estações exigem algo de nós. Elas tanto levam tempo como nos devolvem algo.

Há outro aspecto das estações que devemos observar: de formas importantes, as estações são ambientais e involuntárias. A chegada do inverno é uma condição cósmica, assim como nossa saída do inverno na primavera. As estações podem ser *esperadas* e são algo que acontece a nós, e não algo que produzimos. É importante reconhecermos isso para não confundirmos uma estação com nossa identidade, tampouco imaginarmos que uma estação é recompensa ou castigo.

Algo essencial nas estações é o fato de estarem ligadas a um clima. Elas dependem de algo diferente de nós. Há algo involuntário na experiência das estações. Não podemos adiar nem sua chegada nem seu fim. E se explorarmos essa noção temporalmente com respeito à vida cristã? As estações de uma vida não são necessariamente geradas por minha temperatura interior. As estações de uma vida com Deus não são a medida do meu êxito ou do meu fracasso.

Foi uma música da banda Fleet Foxes, *I'm not my season* [Não sou minha estação], que me ajudou a compreender a importância disso. "O tempo não é aquilo a que pertenço", cantam, "e eu não sou a estação em que estou". Não sou o que estou suportando. Não me reduzo ao que estou experimentando. Uma estação não me define.

• • •

Embora Deus seja eterno, as criaturas são sazonais, e, portanto, nosso relacionamento com Deus é caracterizado por uma sazonalidade que é natural, prevista e boa. Assim como seu relacionamento com um pai ou uma mãe é diferente aos 18 e aos 48 anos, também é natural experimentar um relacionamento diferente com Deus em pontos diferentes de sua jornada como criatura ao longo do tempo. De algumas formas, isso talvez seja experimentado como fluxo e refluxo, com ondas variadas de intimidade e distância, entusiasmo e dificuldades. Quando cultivamos alguma expectativa disso, as estações de maré baixa e distância não precisam nos alarmar, mesmo que sejam difíceis e confusas. Mas as estações de relacionamento com Deus também podem ser dinâmicas variadas em nossas experiências da presença divina. Alguém pode às vezes experimentar estações de uma conexão emocional intensa, um tipo de exuberância do Espírito, experimentado em comunidade, em

As estações do coração

que a alegria é o tom dominante. Mas então esse alguém pode entrar em uma estação, talvez surpreendente, em que Deus é experimentado em serenidade como serenidade, uma estação contemplativa em que a fidelidade divina à aliança é um estado estável de *perseverança*. Se a pessoa da estação exuberante pudesse ver o "você" naquela estação contemplativa, isso poderia passar a impressão de um tipo de distância ou de frieza fora dessa estação. Mas esse "você" exuberante ainda não tem a capacidade de compreender o consolo indizível encontrado nessa contemplação vindoura. Nós sentimos e percebemos a proximidade de Deus de formas diferentes, dependendo da estação em que nos encontramos.

Você também constatará que as Escrituras soam de forma diferente, dependendo de sua estação. Ou melhor, dependendo do tipo de estação em que se encontra, você se verá sintonizado de forma diferente com a mesma Palavra que ouviu milhares de vezes antes. Parte da profundidade da Bíblia é sua capacidade de se apresentar a nós de formas extremamente diferentes ao longo de uma vida inteira — de fato, ao longo de milênios e gerações, como uma cachoeira incessante e cascateante cuja presença é estável, mas cujos tons e sons são constantemente diferentes.

Conversando com Ari Shapiro ao lado da famosa "Tiny Desk", na sede da rede de rádio pública NPR, em DC, o pianista Igor Levit refletiu sobre o aniversário de 250 anos do nascimento de Beethoven. "Será que ouvimos de maneira diferente a música dele hoje?", perguntou Shapiro. Ressoando, em *riff*, um comentário de Miles Davis, Levit apresenta uma percepção fascinante: "Os músicos ouvem a música do passado de forma diferente, automaticamente, porque os sons que você ouve fora da sua casa são diferentes daqueles de cinquenta anos atrás. Os carros têm um som diferente [...] os sinais sonoros têm um som diferente". E ainda mais, ele continua, "o ambiente emocional mudou. E, quando nós mudamos, o que ouvimos muda por razões óbvias. Portanto, naturalmente ouvimos música de forma diferente, e minha maneira de ouvir Beethoven hoje será totalmente diferente no dia seguinte".[23]

Há uma percepção espiritual importante sugerida aqui. Pelo fato de o tempo não ser plano, Deus não soa o mesmo sempre. Obviamente, sua Palavra permanece, assim como a partitura para a Nona Sinfonia de Beethoven é "fixa". Mas não significa que não a ouvimos de uma forma diferente, que ela não assume um *significado* novo. Por isso a audição repetida é uma dádiva. A repetição redigida da Palavra no lecionário e no calendário litúrgico possibilita um encontro contínuo com as Escrituras precisamente pelo fato de a mesma Palavra ser ouvida diferentemente, dependendo do momento em que me encontro e do momento em que nós estamos. Deus e a sua Palavra não mudam, mas o lugar e a estação em que eu (e nós) a ouço cria novas ressonâncias, novas epifanias.

Isso também é verdadeiro em um sentido coletivo. A história reestrutura a maneira de ouvir. Como podemos ler a Torá após o holocausto?, perguntou o filósofo judeu Emmanuel Levinas.[24] Aquelas comunidades de cristãos negros que suportaram gerações de escravidão, linchamento e discriminação nas mãos daqueles que se chamam irmãos em Cristo estarão sintonizadas com as Escrituras de uma forma que seus opressores não estarão.[25] E levou tempo demais para a história da interpretação bíblica se tornar atenta à dignidade das mulheres como portadoras da imagem de Deus e, portanto, para reconsiderar — e, por fim, até mesmo *notar* — a violência contra as mulheres na Bíblia.[26] Como podemos ouvir de um novo modo após o movimento #MeToo [#EuTambém]?[27] Eu — e nós — alcançarei uma sintonia diferente com as Escrituras ao escutar aqueles que experimentaram uma história diferente da nossa.

Haverá profundezas e mistérios das Escrituras indisponíveis para mim *até* que eu passe por estações diferentes. O tempo é uma condição misteriosa e, ao mesmo tempo, necessária para experimentar as profundezas da Bíblia.

A crítica literária Rita Felski nos proporcionou uma linguagem para entendermos esse princípio. Interessada no efeito que a arte tem em nós, Felski fala sobre a singularidade do "tempo estético": "Nem toda sintonização", diz ela, "chega como um raio, assim do nada". Uma obra de arte, seja uma pintura ou um poema, talvez não surta efeito imediato em mim nem prenda minha atenção de forma significativa. Em lugar de um raio proverbial que choca minha atenção, Felski diz que devemos pensar nesses encontros da perspectiva de uma "mudança climática afetiva". Há uma transformação lenta da minha própria *capacidade* de receber algo ao longo do tempo. Isso significa que um romance que li ou um filme a que assisti vinte anos atrás, que talvez até mesmo tenha encontrado múltiplas vezes, em algum momento posterior me *capture* por causa de uma mudança gradual *em mim* durante o tempo que se passou.[28] O filme ou o romance permanece objetivamente o mesmo; o que mudou ao longo do tempo foram meus próprios receptores, por assim dizer. Minha experiência acumulada — incluindo sofrimentos e provações, realizações e conversões — cultiva o solo da minha recepção de novas maneiras. Uma antiga barreira é rompida; um ponto cego é ignorado; uma música atravessa nossas antigas defesas, e é como se a estivéssemos escutando pela primeira vez. De um modo bem interessante, ela observa o exemplo da atenção transformada de alguém à música de Bruce Springsteen de uma forma comparável à minha própria: "Sem haver prestado nenhuma atenção na música de Bruce Springsteen por duas décadas — óbvia demais, popular demais —, essa pessoa entrevistada, súbita e inexplicavelmente, foi levada às lágrimas".[29]

Felski caracteriza esse fenômeno como o tempo de "incubação".[30] Um dos mistérios do tempo, e das histórias que absorvemos como criaturas temporais, é a maneira de a experiência incubar um tipo de receptividade que não poderíamos planejar, novas possibilidades de abertura para o mundo, necessidades inesperadas que se formam em nossa alma. Uma vida vivida com Deus durante o tempo é um período de incubação em que seu Espírito está criando em nós a capacidade de ouvir a mesma Palavra de uma maneira nova e de fazer a Palavra de Deus ecoar de uma forma diferente nas novas fendas do nosso coração.

● ● ●

Cedo ou tarde, acabamos alcançando a estação que será nossa última. Compramos nosso último par de sapatos, fazemos nossa última viagem para Paris, vemos nossos amigos pela última vez, vivenciamos nossa última primavera com açafrões surgindo e narcisos desafiadores e singulares. Obviamente, nem todas as pessoas são agraciadas com a consciência de ser a última vez. Nem todos têm o privilégio de dizer adeus gradualmente. Mas, ainda assim, muitos percebem quando entram nessa estação e essa consciência se torna ou uma bênção ou uma aflição. Como se despedir? Como deixar ir embora, desapegar? Como lamentar e ter esperança ao mesmo tempo?

Há uma passagem na obra de Marcel Proust *No caminho de Swann* que sempre causou profundo impacto em mim. Vemos mais uma vez a tia do narrador Léonie, que suportou uma existência de doença e está em seus últimos dias. O narrador acabou de voltar de um passeio com seu avô, que expressou quanto gostaria que Léonie pudesse ter visto os espinheiros róseos que ela tanto ama. "Sim", responde ela, "algum dia, quando estiver bonito lá fora, eu vou pegar o carrinho e irei até o portão do parque". "Ela disse isso com sinceridade", observa o narrador, porque sabia também que isso nunca aconteceria; "mas esse desejo bastou para a força que ainda lhe restava; a realização teria excedido suas forças".[31] Ela está no outono de sua vida, e nessa estação, o desejo basta. Um desejo é seu próprio prazer. Seu recolhimento não é menos intencional do que a vida que viveu. Até mesmo o isolamento exige algo dela. Proust enxerga na sua reclusão um ato de força. Nunca consegui esquecer a caracterização apresentada por Proust desse ato final: "a grande renúncia".

O que havia começado para ela — só que antes do que normalmente acontece — era a grande renúncia que vem com a velhice ao seu preparar para a morte, envolver-se no seu casulo, e que pode ser observada no fim de vidas que experimentam algum prolongamento, até mesmo amantes antigos que se amaram ao máximo, até mesmo entre os amigos ligados pelos elos mais fortes de simpatia mútua, que, após certo ano, param de fazer a viagem necessária ou sair para se verem, param de se escrever e sabem que não se comunicarão de novo neste mundo. Minha tia deve ter sabido perfeitamente bem que não voltaria a ver Swann, que ela nunca mais deixaria a casa, mas essa reclusão final deve ter se tornado relativamente confortável para ela pelo mesmo motivo que, para nós, deve ter sido mais dolorosa para ela: foi essa reclusão exigida dela pela diminuição da sua força que ela podia observar todos os dias, tornando cada ação, cada movimento, uma causa de fadiga, se não dor, aos olhos dela, proporcionando-lhe inação, isolamento, silêncio, a doçura restauradora e bem-aventurada do repouso.[32]

6

SOBRE NÃO VIVER À FRENTE DO TEMPO

Como cantar Maranata!

Para aqueles que viram
A Criança, não importa quão vagamente, não importa
   quão incredulamente,
O Por Enquanto é, em certo sentido, o tempo mais
   penoso de todos.
   — W. H. Auden, *For the time being* [Por enquanto]

Minha filha e seu marido compraram uma casa recentemente. Assistir à sua montanha-russa de emoções nesse processo trouxe de volta recordações de nossas versões mais jovens. Eu pude ver o entusiasmo inicial da busca, a maneira de isso despertar sonhos. Foi como se apaixonar repetidas vezes. Era tão fácil imaginar um futuro em uma variedade de casas porque todas aparentavam abrigar a possibilidade de ser um lar. O amor jovem torna nosso coração maleável e aberto.

Então, assistimos à série de decepções que ocorriam à medida que nossas ofertas eram rejeitadas, à medida que perdiam para outras, à medida que eram rejeitadas repetidas e repetidas vezes e o esgotamento ia se instalando.

Até aquela que deu certo, justamente quando eles haviam desistido, como um ladrão na noite. Para aquelas esperanças maleáveis e de coração aberto, isso significava que essa havia sido "a casa" o tempo inteiro, a casa "feita para ser deles". Seu amor a tornará isso.

Mas, então, vem aquela estação irritante da espera. A oferta é aceita, sua nova realidade começou. Espere pela vistoria. Espere pela avaliação para efeito de impostos. Então, aquela fase curiosa de um contrato de garantia [até serem cumpridos todos os requisitos legais] em que "sua" casa é ocupada por parasitas que parecem estar ocupando indevidamente seu futuro. Você está comprando cortinas e armazenando amostras de tinta e já planejando sua primeira festa. Mas você precisa esperar. Você precisa habitar aquilo que Auden chama de "o Por Enquanto". A vida cristã é como viver nesse tempo de espera: o Criador tomou posse novamente, mas nós estamos esperando a conclusão do processo.

· · ·

O filósofo David Hume observou que só somos capazes de imaginar com base no que experimentamos. Nossa imaginação explora uma fonte de "impressões sensoriais", segundo ele, que então fundamentam nossa fantasia.

> Nada, à primeira vista, pode parecer mais ilimitado que o pensamento, o qual não apenas escapa a todo poder e autoridade dos seres humanos, mas não pode ser contido nem mesmo pelos limites da natureza e da realidade. Formar monstros, e reunir formas e imagens incongruentes, não é nem um pouco mais difícil para a imaginação do que conceber os objetos mais naturais e familiares.[1]

Podemos invocar mundos inteiros de fantasia e ficção em nossa cabeça. Podemos imaginar todos os tipos de criaturas fantásticas que nunca encontramos no mundo, como a cornucópia de criaturas na lanchonete de Mos Eisley, em Tatooine. O poder da imaginação humana parece ilimitado.

"Mas", diz Hume, "embora nosso pensamento aparente ter essa liberdade ilimitada, constataremos, após um exame mais atento, que ele está confinado por limites muito estreitos e que todo esse poder criativo da mente não é nada senão a faculdade de combinar, transportar, aumentar ou diminuir os materiais que nos são proporcionados pelos sentidos e pela experiência".[2] Até mesmo nossas imaginações mais bizarras são combinações do que já experimentamos. Até mesmo nossos sonhos levam a marca do que já vimos.

Tais limites não são perdas. São simplesmente as limitações da condição de criatura, os parâmetros da finitude. Essa limitação é a razão de as esperanças humanas para o futuro serem desejos de um mundo como o que temos experimentado, mas sem o sofrimento. Embora Deus prometa exceder tudo o que poderíamos pedir ou imaginar, ele não deixa de se dirigir à nossa esperança com imagens de um mundo futuro que vibra com a vida do mundo que conhecemos. Quando o profeta Isaías imagina o mundo vindouro (Isaías 60), fala sobre famílias sendo reunidas e restauradas (60:4), mesas cheias com abundância para todos (v. 5), em uma criação que canta e adora (v. 6,7). A preocupação com as fronteiras desapareceu (v. 10,11). Há espaço para todas as pessoas em nossas casas de cedro (v. 13). Todos são bem-vindos, ninguém é oprimido, e não haverá mais violência (v. 14-18). Nada disso é a descida de alguma realidade de outro mundo; é o fruto de um rebento que Deus já plantou aqui e agora (v. 21).[3] A revelação de Deus nos convida a imaginar uma versão renovada e transformada do mundo que já conhecemos — reconhecível, mas reconhecidamente novo.

Em *Arctic dreams* [Sonhos árticos], o autor Barry Lopez se mostra extraordinariamente atento ao que a criação quer ser. Na serenidade bela e difícil da austeridade ártica, ele descreve uma "inocência" nobre exibida na perseverança paciente do boi-almiscarado. Examinando um pequeno rebanho de adultos e bezerros, plácidos e implacáveis, o seguinte pensamento lhe ocorre: "Eles eram intensamente bons em ser exatamente o que eram".[4]

Nesse contexto de contemplação, Lopez recorda uma história sobre o mundo vindouro. Um guia de Chipewyan chamado Saltatha certa vez perguntou a um padre francês o que havia após a vida presente. "Você me contou que o céu é muito bonito", disse ele. "Agora me diga mais uma coisa. Ele é mais bonito do que o território dos bois-almiscarados no verão, quando às vezes a cerração é soprada sobre o lago e às vezes a água é azul e as aves mergulhadoras ficam grasnando? Se o céu é ainda mais bonito, ficarei contente. Ficarei feliz em descansar lá até ficar bem velho."[5]

• • •

Há uma correspondência interessante, mais tarde na vida de Agostinho, em que ele aconselha Bonifácio, o general romano que governava a região da África naquela época. Frustrado em virtude de insurreições e invasões daqueles que desprezam a fé cristã, Bonifácio está ficando impaciente. Ele acha que sabe como o reino de Deus deve ser, de modo que fica cada vez mais tentado a impô-lo — *forçar* a vinda do reino, por assim dizer. Mas Agostinho o adverte com uma admoestação que poderia moldar uma vida inteira: "Não devemos desejar viver à frente do tempo apenas com os santos e os justos".[6]

Essa percepção está no cerne de uma escatologia prática e deve ser a forma de uma vida cristã. Os cristãos são um povo orientado para o futuro. Todo dia oramos para que o reino de Deus *venha*. Mas, enquanto estivermos orando por ele, ele ainda não terá chegado, o que significa que também somos um povo que *espera*. Há perigos significativos em tentarmos apressar o reino, como se pudéssemos viver *agora* "apenas com os santos e os justos". Não é só o fato de que os cristãos têm um calendário diferente; eles contam o tempo de maneira diferente porque são cidadãos de um reino que chegará do futuro. Viver de forma escatológica é menos uma questão de saber o fim e mais uma questão de saber *em que momento* nós estamos agora. Uma orientação escatológica não é somente uma questão de expectativa futura, mas também de reconfiguração do nosso presente.

Essa habitação peculiar no tempo e, portanto, essa contagem espiritual do tempo do corpo de Cristo nos contrastam com outros modos dominantes de habitar o tempo, incluindo alguns que se passam por "cristãos". Por exemplo, essa orientação escatológica na realidade está em tensão profunda com a obsessão escapista em relação ao fim dos tempos e outros gnosticismos sutis que afirmam uma separação radical entre o presente e o eschaton. Tal bifurcação é quase tão antiga quanto o próprio cristianismo. Podemos vê-la exposta fortemente em 2Clemente, um sermão do final do primeiro século:

> Esta era e a vindoura são inimigas entre si [...] Portanto, não podemos ser amigos de ambas; precisamos renunciar a esta a fim de experimentar a outra. Pensamos que é melhor odiar as coisas que existem aqui, pois elas são insignificantes, transitórias e perecíveis, e amar as coisas que estão lá, que são boas e imperecíveis.[7]

Essa corrente de pensamento equivocada continua extremamente viva no século 21 — o que é irônico, uma vez que, se pensarmos que dois mil anos se passaram desde o início da era cristã, o Deus eterno claramente não está com pressa para abolir o tempo.

Essa postura efetivamente anula a história, como uma arena da ação de Deus. Dessa perspectiva aparentemente piedosa, a história é profana; a eternidade é sagrada. A demonização antiga "desta era" em Clemente é repetida em formas de cristianismo prontas para o arrebatamento, desde o início do século 19, que estão aguardando a segunda vinda como uma cápsula de escape das vicissitudes do tempo. Essas espiritualidades distorcidas são obcecadas pelo futuro, mas não têm uma orientação futura. São formas de piedade de "tempo nenhum" que tornam a eternidade atemporal um fetiche. A vinda de Cristo apagará e superará tudo o que veio antes. O teólogo da libertação Gustavo Gutiérrez apresenta uma crítica incisiva desses "cristianismos do futuro": "É necessário ser extremamente cuidadoso para não substituir um cristianismo [gnóstico] do além por um cristianismo do futuro; se o primeiro tendia a ignorar o mundo, o segundo corre o risco de negligenciar um presente miserável e justo, e a luta por libertação".[8] Nesses cristianismos do futuro, o Deus de sua expectativa aparenta ter pouco interesse no presente, enquanto uma orientação escatológica futura está enraizada na convicção resultante de que "o templo de Deus é a história humana".[9] Aquilo pelo que ansiamos é um futuro *para* este mundo que se desdobrou na história e suportou o tempo com gemidos e gritos.

Pelas mesmas razões, uma postura de orientação futura e escatológica contrasta com qualquer nostalgia que olha para trás e romantiza o passado, especialmente em suas formas religiosas. Embora a história seja a arena da ação redentora de Deus, e embora a fidelidade da aliança divina ao longo do tempo seja o que alimenta nossa esperança (daí o apelo constante dos profetas ao Êxodo), a fidelidade nunca é o mesmo que um projeto de recuperação. Nunca somos chamados para fazer o tempo voltar. Apelos às ações de Deus na história não são invocados em um espírito de "era-de-ouro-ismo"; o Éden nunca é celebrado como nosso destino. Nossa peregrinação não é um retorno odisseico. Somos impulsionados em direção a um lar que nunca visitamos.[10] Estamos orientados para o que está *vindo*, e não para o que já foi.

Uma orientação genuinamente escatológica para esse futuro também contrasta com o utopismo e as mitologias dominantes de progresso. A orientação futura da contagem espiritual do tempo autêntica não é algum "planejamento" pelagiano. Não cabe a nós ser engenheiros do futuro. A estranha postura da esperança escatológica é de receptividade ativa, uma abertura intencional, um empenho que, paradoxalmente, aguarda uma dádiva. Gutiérrez, mais uma vez, é útil aqui: "Para Jesus, o reino era, em primeiro lugar, uma dádiva. Somente com base nisso é que podemos entender o significado da participação humana ativa em sua vinda; os zelotes tinham a tendência contrária de considerá-lo o fruto dos seus próprios esforços". Eliminar as raízes da injustiça e da opressão — a promessa de justiça no reino de Deus — demandará algo mais radical do que qualquer agenda que poderíamos empreender, até mesmo qualquer revolução que poderíamos instigar. Portanto, Gutiérrez segue Oscar Cullmann ao caracterizar a postura de Jesus como um "radicalismo escatológico": uma esperança enraizada em empenho que está aguardando o advento de uma insurreição, uma parousia de outra ordem, uma restauração e uma reconciliação de todas as coisas.[11]

O filósofo Edmund Husserl, um pensador gerativo sobre a natureza da consciência temporal, gostava de se referir ao "agora" como um acorde melodioso, e não como uma confusão sonora. Quando escutamos uma melodia, observa Husserl, "as notas individuais não desaparecem completamente quando o estímulo ou a ação do nervo estimulado por elas chegam ao fim. Quando a nova nota soa, aquela imediatamente anterior não desaparece sem deixar rastro". Se esse fosse o caso, "então, em vez disso, deveríamos ouvir um acorde de notas simultâneas ou, melhor, um amontoado desarmônico de sons".[12] Para o acorde ressoar, é necessário haver uma maneira misteriosa de mantermos um passado, um presente e um futuro em nós. Ouvir essa harmonia é um feito do ouvido e da mente que mantém unido um "agora" repleto tanto de memória como de expectativa — como um ginasta equilibrado na trave. Um *agora* é "sempre uma extremidade em um intervalo de tempo".[13]

Uma vida vivida de forma escatológica mantém unido esse acorde, equivalendo a dizer: é um modo de existência que vivencia uma bela tensão. Uma vida escatológica vive no limiar, sempre *entre*, mas contém nesse *entre* a possibilidade de fazer música. A pergunta perplexa do salmista "Como poderíamos cantar as canções do Senhor em uma terra estrangeira?" (Salmos 137:4) também é uma pergunta temporal: como podemos cantar canções do reino no agora? Os acordes muitas vezes serão menores, entoados com lágrimas. Mas, em Cristo, também já estamos cantando no futuro. O acorde que é o corpo de Cristo é a extremidade da história de tal forma que até mesmo o novo cântico de Apocalipse (5:9; 14:3) será uma repetição. Entoaremos refrões que aprendemos na história. Levaremos acordes conosco para o reino. Sócrates disse que filosofar era treinar para a morte. Deus nos diz que a história é um treinamento para um coro do reino. O fato de haver pessoas que são capazes de criar música é um dos mistérios da condição de criatura. O fato de sermos um povo que pode continuar cantando é um dos mistérios da graça encarnada.

• • •

Viver de forma escatológica não é apenas uma questão de olhar para o futuro. Não é simplesmente uma postura de expectativa. É viver com uma *orientação futura*, habitar o presente de tal forma que o futuro seja a pulsação do meu agora. Viver com uma orientação futura não é apenas a expectativa do que vem em seguida, como esperar um bule de água ferver ou como uma criança que ouve a música do carrinho de sorvete a três quadras dela e está aguardando-o dobrar a esquina. Minha vida presente está cheia do que está vindo. Em contraste com esse tipo de expectativa passiva em que meu ser e meu fazer são absorvidos ou dominados pela espera, viver com uma orientação futura é viver de tal forma que meu próprio modo de "ser no mundo" fique repleto de expectativa. Em vez de ser definida por esperar, minha vida ativa é moldada pelo que é o objeto da minha esperança. Estou agindo agora com base no futuro. Recebo o *eu* do futuro. Eu *sou* o que sou chamado para ser.

Há uma passagem reconhecidamente enigmática, mas sugestiva, na obra de Heidegger *Ser e tempo* que tenta perscrutar esse mistério. Vale a pena observá-la, apesar de sua dificuldade. Lembre-se da noção em Heidegger de "ser lançado, arremessado", que encontramos antes: a maneira de eu me encontrar no meio de uma vida que não escolhi, uma vida cujos contornos e limites são os parâmetros de possibilidade para mim. De maneira importante, eu herdo quem posso ser. Ser é estar "em dívida", como diz Heidegger.[14]

Mas essa não é a história completa, e mais tarde descobrimos que, na realidade, sou definido menos pelo meu passado e mais pelo meu futuro. É assim que Heidegger, na sua linguagem idiossincrática, expressa:

Uma vez autenticamente impulsionado para o futuro, *sou* autenticamente como "*tendo sido*". E apenas quando sou impulsionado para o futuro é que posso *ser* autenticamente como tendo sido. A natureza de "ter sido" surge, de certo modo, a partir do futuro.[15]

Heidegger entendeu algo importante aqui — esse desdobramento curioso e misterioso do tempo em mim: meu passado surge do meu futuro. O que foi legado é cristalizado na expectativa de um futuro. O que sou chamado a ser invoca e constitui quem eu fui, na medida em que essa expectativa reúne as possibilidades lançadas em minha direção em uma vida coerente e "autêntica".[16] Heidegger diz que esse é o significado de ver a vida como um tipo de "projeto" — a projeção de uma possibilidade que absorve meu passado. Se, por exemplo, mais tarde na vida, finalmente identifico e decido responder ao chamado de ser um poeta ou um pastor, essa possibilidade compõe meu passado de uma nova maneira. Todas as minhas experiências formativas agora são remodeladas por esse futuro diferente, e meu passado *se torna* algo que eu nunca poderia ter previsto no passado. Aliás, Heidegger define isso como *temporalidade*: aquele modo singularmente humano de "ser no mundo" que significa que eu "volto para mim mesmo" do futuro[17]. "Eu sou" por causa da unidade e da inteireza que me é proporcionada pelo meu futuro.

Ser e tempo, livro no qual essa passagem aparece, foi publicado em 1928. Anos depois, quando as anotações de aula do jovem Heidegger de 1919 a 1921 foram publicadas, descobrimos algo fascinante: os "rascunhos" de sua obra posterior sobre a orientação futura são encontrados em aulas que ele deu sobre as epístolas de Paulo aos tessalonicenses. O modelo do que ele chama de "resolução antecipatória" — uma vida moldada pela orientação futura — era, na realidade, uma comunidade focada na parousia. Em outras palavras, o lugar em que Heidegger aprende sobre a *orientação futura* da existência humana é uma comunidade cristã primitiva aguardando a segunda vinda.

Quando o jovem Heidegger lê 1 Tessalonicenses, ele observa, como nós observamos, que a orientação escatológica da comunidade cristã não é uma contagem regressiva; nem sequer é uma questão de "tempo objetivo". Não é "esperar" no sentido comum, argumenta ele.

> Inicialmente, alguém poderia pensar: o comportamento básico para a *parousia é uma espera, e a esperança cristã (elpis)* é um caso especial dessa espera. Mas isso é inteiramente falso! Nunca alcançaremos o sentido relacional da *parousia* apenas analisando a consciência de um acontecimento futuro. A estrutura da esperança cristã, que realmente é o sentido relacional da parousia, é radicalmente diferente de toda expectativa.[18]

O modo de espera da comunidade escatológica é qualitativamente diferente porque sua forma de se orientar para o futuro é "radicalmente diferente". A questão da vinda de Cristo "não é uma questão cognitiva", observa Heidegger acertadamente; isto é, não é uma questão de informação. Não é uma questão de saberem ou não o dia ou a hora, a data de chegada. Em vez disso, "a questão é decidida em uma dependência da sua própria vida".[19] A questão não é se sabemos o que está vindo, mas é como vivemos à luz dessa expectativa. A "questão do 'Quando' leva de volta ao meu comportamento. A forma em que a *parousia* se situa na minha vida me reconduz à maneira em que vivo a vida". Heidegger encontra em 1 Tessalonicenses o que mais tarde analisa em *Ser e tempo*: "A espiritualidade cristã vive temporalmente".[20] Por isso poderíamos chamá-la de escatologia *prática* (e não "especulativa"): se você crê que Cristo está vindo, a pergunta central não é *Quando?*, mas *Como?*. A pergunta não é *Quanto tempo falta?*, mas, sim, *Como devemos viver agora, à luz dessa expectativa?* Como o futuro moldará seu presente? Como viver à luz desse futuro?

● ● ●

Uma "escatologia prática", como a estou chamando, é a sabedoria vivida de compreendermos o momento em que nos encontramos e, portanto, vivermos uma vida harmoniosa, individual e coletivamente, que mantém unida a tensão do já e do ainda-não como um acorde. É o acorde que soa na extremidade de *passar tempo com o futuro* e *não viver antes/ à frente do tempo*. Mas a escatologia prática não trata apenas do destino da alma ou da vida após a morte. A escatologia trata principalmente de como nos ocupamos no agora, como vivemos no "Por Enquanto" de uma maneira que testemunhe a realidade daquilo pelo qual oramos ao ansiarmos pela vinda do reino. Essa é a razão de a escatologia ser mais política que pessoal. Uma escatologia é uma teologia da vida pública, a vida que partilhamos coletivamente no período neste mundo.[21] A escatologia trata de como *nós* vivemos no agora, e esse "agora" é tão amplo quanto a humanidade, mesmo que nem todos estejamos contando o tempo da mesma forma.

Imagine ter um instrumento curioso: uma bússola temporal. Não um relógio de pulso ou qualquer outro relógio que apenas conte o tempo, mas um recurso de orientação que o *localize* no fluxo da história, proporcionando orientação do mesmo modo que uma bússola. A revelação de Deus em Cristo reajusta a bússola temporal da humanidade, que nos reorienta para o tempo.

Quando Agostinho escreveu *Cidade de Deus*, acho que ele estava tentando inventar algo parecido com esse instrumento. *Cidade de Deus* é um exercício clássico de orientação temporal — uma caminhada de exploração de quando estamos para guiar *como* somos e como devemos responder às vicissitudes da história. Ecoando a observação do Papa João XXIII, Agostinho é o modelo de alguém que lê a história para aprender com ela. O exercício se baseia em algo como a convicção exibida por Gutiérrez de que a história humana é o templo de Deus, e Agostinho está interessado nos particulares — os cantos e recantos, os zigues e os zagues, os acontecimentos e episódios do passado antigo e o presente calamitoso em que ele acredita que a providência de Deus está em ação. Em tudo isso, Agostinho crê que há algo não somente para aprendermos, mas também para portarmos. Você precisa ficar atento aos sussurros, Agostinho aconselha, pois "a providência divina controla as menores coisas na terra, produzindo como evidência todas as belezas encontradas não somente nos corpos das criaturas vivas, mas até mesmo nas folhas da grama".[22] Essa não é uma caracterização da providência usando a criação como sua marionete, mas uma percepção do Espírito de Deus como o sopro da criação inteira, infundindo, inspirando, sustentando, movendo.

Ler a história dessa maneira é um esforço arriscado para as criaturas, pois a providência de Deus é um "mistério profundo".[23] É arriscado também porque exige um grau de concretude e especificidade, significando que sempre empreenderemos esse discernimento com as limitações de um campo de ação. Sempre leremos a história a partir de um tempo e de um lugar. Pode ser fácil confundir "ler a presença da providência" com um exercício de teodiceia, como se tentar discernir o movimento do Espírito na história fosse o mesmo que *justificar* essa história.

Ao tentar ver onde o Espírito está em ação no seu momento, testemunhando o desaparecimento do Império Romano da costa norte da África, o projeto de Agostinho é muito específico e reflete sua localização: "Portanto, passemos à investigação de a razão de Deus ter desejado que o Império Romano tivesse um domínio tão extenso e durasse tanto tempo".[24] O exercício exige "que avancemos examinando por quais qualidades morais e por qual razão o verdadeiro Deus decidiu ajudar os romanos na expansão do seu império; pois, debaixo do seu controle, estão todos os reinos da terra".[25] Seria apressado demais concluirmos que Agostinho está *justificando* o Império Romano ou apresentando um relato de como Deus o "abençoou". Pelo contrário, a crítica que Agostinho dirige a Roma é incisiva: para ele, tudo o que Roma era capaz de produzir era injustiça.[26] A questão não se trata de justificar o regime atual, mas de discernir uma forma de seguir adiante: o momento em que nos encontramos, o que estamos herdando, o que precisamos desfazer, qual pode ser nossa esperança, *com base nessa história*?

Se Agostinho empreendeu esse exercício em posição de algum privilégio, esse exercício não é sempre ou apenas um ato de privilégio. O discernimento não é um batismo do *status quo*. Ler as guinadas do Espírito na história humana não é uma questão de tentar santificar o momento em que nos encontramos como "o que Deus quer". O discernimento é nomear o momento em que nós estamos, revelando os sistemas, estruturas e histórias que nos trouxeram até aqui e, então, prever novas formas de avançarmos que deem esperança. Sob esse aspecto, talvez o "trabalho de discernimento" mais importante sempre aconteça do lado inferior da história.

Lembrei-me de um ensaio extraordinário de Jesse McCarthy que explora o papel dos intelectuais negros nos dias de hoje. Quando supremacistas brancos "vestindo calças cáqui de tamanho errado e segurando tochas em estacas" estavam entoando o lema nazista "Sangue e solo!" em um parque de Charlottesville, McCarthy foi transportado de volta à formulação alternativa de David Walker de "sangue e lágrimas". Essas, ele observa, são duas formas muito diferentes de imaginar nosso pertencimento a um lugar. "Uma discussão sobre o sangue de quem está no solo deste país não é uma discussão que um supremacista branco vencerá." Mas Walker, observa McCarthy, está operando a partir de uma convicção mais ousada sobre o papel histórico que os negros nos Estados Unidos têm para desempenhar no desenvolvimento da história mundial. "Ele enxerga, assim como eu, os americanos negros como um povo que carrega um destino histórico singular, um papel a desempenhar na história do mundo totalmente relacionado à nossa maneira de moldar o país em que nos encontramos."[27] A possibilidade está unida com a tragédia, o que de forma nenhuma a justifica ou proporciona algum modo retroativo de redimir a escravidão. Significa simplesmente que há um futuro diferente possível, firmemente contido nessa história específica. Quando, de outras fontes, McCarthy ouve o grito de protesto e crítica no gênero musical do "trap" do hip-hop, de novo ele situa isso no tempo: "A força da nossa cultura vernacular formada sob a escravidão é a conexão gerada principalmente na música, mas também na Palavra, em todos os seus múltiplos usos, que *crê no seu próprio poder*". A cultura negra não é uma categoria natural ou uma essência metafísica; é a criação de uma história muito específica. A dádiva, ele arrisca, resulta dessa história:

A cultura negra não é "mágica" por causa de alguma proximidade deísta entre as pessoas negras e o universo. Os traficantes de escravos faziam sua carga dançar no convés para mantê-los flexíveis para a plataforma de leilão. A mágica foi o resultado de uma *experiência histórica e material singular* na história mundial, e nenhum outro grupo experimentou e sobreviveu a essa experiência por tanto tempo e de forma tão próxima dos principais motores da modernidade.[28]

Essa é uma leitura arriscada da história. Alguns não hesitarão nem um pouco em se agarrar a isso como uma justificativa retroativa. Mas de modo nenhum é o que McCarthy está dizendo. O discernimento não é um programa de "ajuste" de narrativa enviesado para a história. É um empenho profético que vaticina o futuro a partir da história na qual fomos lançados.

● ● ●

O que significa viver de maneira fiel e justa para um futuro é uma pergunta à qual podemos responder somente se considerarmos a história que molda nosso presente. Com base em uma história contingente e específica — ao *encararmos* essa história —, a pergunta é: E *agora*? O que é possível? Para orientar um futuro fiel, temos de conhecer o passado. Esse é o tipo de orientação que uma bússola temporal proporciona.

Agostinho apresenta uma caixa de ferramentas para nos ajudar a ajustar nossas bússolas temporais. A razão disso não é que compartilhamos da mesma história. Em *Cidade de Deus*, Agostinho empreendeu o trabalho necessário de discernimento para um tempo e um lugar específicos, e muitos dos elementos particulares têm pouca relevância para nós no século 21. Mas nossa *tarefa* é a mesma que a dele, e, portanto, temos algo para aprender da forma de Agostinho empreender esse trabalho de orientação temporal. Além disso, Agostinho molda a percepção de Gutiérrez de que a história humana é o templo de Deus.

Em especial, Agostinho nos transmite alguns conceitos que nos ajudam a nos orientar. O primeiro é sua noção do *saeculum*. Diferentemente do nosso uso da palavra "secular", que tendemos a associar a espaços (como a "esfera pública secular"), para Agostinho o *saeculum* é uma era, um pedaço de história. A invasão divina na história que é a encarnação, a cruz, a ressurreição e a ascensão — o evento de Cristo — se torna o Horário de Greenwich da história inteira. À sua sombra, encontra-se o tempo em que nos encontramos: a era que Agostinho chama de o *saeculum*, esta era entre a cruz e o reino vindouro. Em outras palavras, esta longa história em que nos encontramos — o "Por Enquanto" de Auden — está acontecendo entre os parênteses da encarnação de Deus na história e da chegada completa do reino na parousia. É o longo tempo de espera do contrato de garantia em que os pobres estão esperando herdar o reino que Jesus prometeu.

Apenas recordar que habitamos o *saeculum* já tem implicações significativas para nossas expectativas. Por exemplo, significa que devemos *esperar pluralismo*. Embora o Espírito de Deus tenha sido liberado na história e na igreja, o reino ainda não está aqui. Não deveríamos ficar chocados ou escandalizados com dissensões profundas no bem-estar público, por assim dizer.

A noção do *saeculum* está relacionada à segunda ideia que quero realçar de Agostinho. Sua obra *Cidade de Deus* é realmente uma história de duas cidades, que ele caracteriza como a cidade "terrena" e a cidade "celestial" ou cidade dos homens e a cidade de Deus. O que diferencia essas duas cidades não é um domínio, jurisdição ou níveis, como se a cidade terrena fosse material e a cidade celestial fosse etérea. Para Agostinho, o diferencial nessas duas "cidades" (latim *civitas*, "repúblicas") são seus amores, e a origem dessas cidades não é a criação, mas a Queda. As duas cidades são duas formas de ser uma comunidade humana que estão organizadas em volta de dois tipos bem diferentes de amor. A cidade terrena gira ao redor do amor a si próprio e do desejo de poder e domínio (a *libido dominandi*, nas palavras de Agostinho). A cidade de Deus gira em torno do amor a Deus e gera sacrifício pelo próximo.

Por que isso é importante para entendermos o tempo e a história? Porque nesta era do *saeculum*, enfatiza Agostinho, vivemos no que ele chama de o *permixtum* de duas cidades. Todos nos encontraremos jogados em territórios compartilhados que estão ocupados por cidadãos das cidades terrena e celestial que, ainda assim, precisam solucionar a maneira de viverem juntos. A era do *saeculum* é a longa estação em que nos vemos "misturados" com próximos que têm visões muito diferentes do bem. Nosso tempo é o tempo do trigo e do joio, das ovelhas e cabras, das diferenças profundas sendo vivenciadas muito próximas umas das outras.

Uma vez que habitamos o *saeculum*, que diferença isso faz para *como* vivemos nesta era? O que significa sermos fiéis no *permixtum*?

Contra as utopias tanto da esquerda como da direita, os cristãos são um povo *escatológico*. Isso é o que significa não "viver à frente do tempo", nas palavras de Agostinho. Quando lembramos que vivemos no *saeculum*, nesse tempo questionado da espera da realização completa do reinado de Cristo, não devemos cair na armadilha de achar que o reino já chegou. Não devemos absolutizar algum regime ou forma de vida penúltima. Aqueles que acharam que a queda de Roma significava o colapso do reino de Deus não perceberam a diferenciação que Agostinho estava fazendo. Em vez disso, derrubaram a esperança escatológica contentando-se com alguma realidade presente. Ao fazermos isso, esquecemo-nos de como esperar. A expectativa escatológica é essencial para a cidadania celestial: enquanto estivermos orando "Venha teu reino", é porque ele ainda não chegou. Isso deveria abalar qualquer tentação de identificarmos um regime, governo, partido, política, facção ou movimento com a *chegada* do Reino — mesmo que o discernimento também exija tentarmos estar sintonizados com movimentos que, de fato, contêm o Espírito para um tempo e um lugar.

Essa postura escatológica é caracterizada por um tipo de impaciência santa. Por um lado, oramos e nos empenhamos para existir em um mundo mais próximo do reino justo e próspero pelo qual ansiamos. A "espera" da escatologia cristã não é a mesma coisa que o dr. Martin Luther King Jr., no seu discurso "Eu tenho um sonho", chamou de "a droga tranquilizante do gradualismo", que usava a espera como um código para preservar o *status quo*.[29] Por outro lado, até mesmo nosso desejo e nossa fome genuinamente proféticos precisam evitar tornar-se a arrogância de projetos de aprimoramento humano, como se pudéssemos ser engenheiros da nossa saída de um mundo arruinado por nossa própria inventividade.

O teólogo britânico Oliver O'Donovan expressa a questão da seguinte maneira: a consequência do evento de Cristo é uma "'dessacralização' da política gerada pelo Evangelho".[30] A política e o trabalho compartilhado de criar uma vida comum são um chamado da nossa condição de criatura, intrínseco à própria criação. Mas nossos esforços terrenos e políticos, até mesmo nossos empenhos mais sinceros em prol da justiça, são incapazes de *forçar* a vinda do reino. A política não é tudo precisamente pelo fato de cultuarmos um Rei que ascendeu. Assim, os cristãos, acima de tudo, não devem ser vítimas da tentação de tratar nossas identidades políticas nesta terra como nossas identidades supremas.

Estamos mais propensos a absolutizar o temporal quando nossa convicção suprema é a de que não há eternidade, não há um reino vindouro. Portanto, uma sociedade secularizada tende a tratar a política como tudo e, por conseguinte, a tratar as diferenças políticas como se fossem diferenças supremas (meu adversário político não apenas discorda; ele é *mau*). Isso revela uma imaginação atrofiada que não deve caracterizar os cristãos: embora não sejamos indiferentes, sabemos que a justiça chegará de modo definitivo somente com o Rei. Ainda que seja precisamente a visão do reino vindouro de Deus que nos motiva a nos empenharmos em favor da justiça, reconhecer nossa localização temporal no *saeculum* deve moderar nossas expectativas e nosso relacionamento com aqueles que discordam. Isso também deve gerar um realismo cristão e a arte perdida da "concessão fiel".[31]

· · ·

Quando "lemos" a história procurando os rastros do Espírito, as sementes de possibilidade deixadas pela providência de Deus e os efeitos ao estilo bola de neve do povo de Deus na história, estamos tentando reconhecer os legados da ação divina na história. Estamos tentando discernir de que forma nossas instituições, práticas e hábitos exibem a marca da graça de Deus. Isso, diz O'Donovan, é um tipo particular de arqueologia: "Como a superfície de um planeta com crateras formadas pelo bombardeio que ela recebe do espaço, os governos da era passageira mostram o impacto da glória de Cristo que se manifestou".[32] As dádivas de Deus não são apenas invasões miraculosas no presente; são, com mais frequência, legados da influência de Deus no cosmo transmitidos a nós nos efeitos do tipo bola de neve da história.

Por exemplo, de muitas formas, as instituições e práticas da democracia liberal são o fruto claro do impacto do cristianismo nas instituições políticas do Ocidente e (agora) do mundo mais amplo. Os bens políticos da representatividade, os pesos e contrapesos do poder, e até mesmo a misericórdia no julgamento, são efeitos claros do encontro entre o evangelho e a vida política.[33] E o legado desse impacto redentor da graça em nossa vida coletiva é uma dádiva que beneficia muitas daquelas pessoas de outras confissões religiosas e aquelas sem fé alguma. É um legado que brilha sobre os justos e os injustos, por assim dizer.

No entanto, esse legado com frequência é apagado da nossa memória coletiva no período final da modernidade. Uma das tarefas da teologia pública cristã é um tipo de *terapia para amnésia* para nossos próximos que prezam os bens e as instituições da democracia, mas, de alguma forma, acham que estão em conflito com o cristianismo (isso incluirá um número crescente de cristãos que parecem acreditar que o compromisso cristão é contrário à democracia constitucional e têm, aparentemente, atração por tiranos). A teologia política cristã tem um papel público para desempenhar simplesmente ao reconectar as sociedades liberais do final da modernidade com sua herança religiosa e teológica.

● ● ●

Como na época em que nossos telefones estavam, involuntariamente, captando o sinal de um fuso horário diferente, é fácil nossa contagem espiritual do tempo ficar sincronizada com algo diferente do reino vindouro de Deus. Poderíamos mudar o modo automático para o *Zeitgeist*, por exemplo, ou sincronizar nossos relógios com alguma suposta era de ouro, efetivamente congelando a atividade de Deus em alguma época, quando deveríamos estar nos tornando amigos do futuro. De muitas formas, nossa adequação a padrões culturais é temporal. Começamos a contar o tempo de acordo com um meio diferente.

A tendência a sintonizarmos com algo diferente do reino de Deus torna necessário o reajuste litúrgico constante. Isso é especialmente verdadeiro, acredito, se desejarmos ser estimulados por uma orientação genuinamente escatológica para o futuro. A esperança exige prática.

Considere, por exemplo, um momento essencial no calendário litúrgico da igreja que repete essa realidade como um lembrete, ano após ano. Bem no fim do ano litúrgico, observamos a festa de Cristo Rei, e já no domingo seguinte é o início do Advento. Na festa de Cristo Rei, somos lembrados de que o Deus crucificado ascendeu ao trono com suas cicatrizes. Se Cristo é Rei, então todos os governantes terrenos, em um sentido, já foram depostos — eles são apenas administradores no intervalo. Eles não podem fazer reivindicações definitivas a nós. Quando Jesus sabe o número dos fios de cabelo em sua cabeça, você não pode ser reduzido a uma peça em alguma engrenagem coletivista. Oliver O'Donovan chama isso de "a 'dessacralização'" da política gerada pelo evangelho".

Mas o Advento é como aprendemos a *esperar*: não com um quietismo passivo, não com um ativismo pelagiano, mas com uma esperança confiante. O reino é algo que aguardamos, e não que criamos. A prática da paciência do Advento se opõe à tentação cristã de "viver à frente do tempo". A paciência do Advento recusa teonomias de direita que se esquecem dessa espera e tentam instaurar o reino com maquinações políticas. Mas essa paciência igualmente se opõe a qualquer utopia progressista que imagina que a chegada completa da justiça poderia ser alcançada com nossos esforços de aprimoramento social. Ambas as posturas são pós-milenarismos práticos que pressupõem que a chegada do reino depende de nós — e, portanto, algo que devemos lutar para impor. Ambas são posturas incapazes de vivenciar as realidades de Cristo, o Rei,

Sobre não viver à frente do tempo

e a espera do Advento — sem mencionar a vida moldada pela cruz de um povo que reflete Cristo. Os ritmos da vida coletiva da igreja proporcionam uma oportunidade de praticarmos nossa entrada nessa imaginação escatológica de uma forma que molda a maneira de sermos *enviados*.

Os cidadãos celestiais sabem que horas são, ou que tempo é. Estamos aguardando um Rei vindouro. Nossas expectativas são disciplinadas por essa escatologia. Mas isso não nos isenta do chamado como criaturas para respondermos ao próprio chamado da criação para a realização política, o chamado para a construção de instituições, práticas e habitualidades que são degustações do *shalom* vindouro. Em outras palavras, o trabalho cultural de criação de governos é exigido pela própria natureza da criação, desde o início da criação e ainda neste *saeculum* em que nos encontramos. A cruz, a ressurreição e a nova criação não substituem esse chamado; elas o renovam. Em especial, o evento Cristo reestrutura esse chamado como um chamado para amarmos aos nossos próximos, para criarmos governos e políticas, sistemas e instituições que protejam os vulneráveis, que cuidam das viúvas, dos órfãos e estrangeiros entre nós, ao mesmo tempo que também deixa espaço para executarmos uma variedade de chamados como criaturas no comércio, na educação, nas artes e até mesmo no entretenimento. Dessa forma, participamos do *permixtum*, e com ele colaboramos, espaço disputado, mas bom, da nossa vida comum, e o fazemos de formas que esperam inclinar, ainda que bem levemente, a cidade terrena na direção da cidade de Deus.

A participação política cristã deve ser ousada, mas cautelosa, moderada, mas esperançosa, moldada pela cruz, mas inclinada ao reino. Uma vida escatológica é estimulada pela cadência de duas exortações esperançosas: "Elevem o coração" e "Não temam".

● ● ●

O nome desse prolongamento da alma em direção ao futuro, dessa paciência santa, dessa fome sagrada, é esperança. A esperança é uma disposição em relação ao futuro ao mesmo tempo expectante e dependente. Ela está entrelaçada com a fé porque confia que a graça de Deus é um pai que dá pão e não pedra (Mateus 7:9-11). E a esperança está unida com o amor porque é uma forma de desejo. Portanto, Abraão, o pai da fé, também é o paradigma da esperança: "Pois ele esperava a cidade que tem alicerces, cujo arquiteto e edificador é Deus" (Hebreus 11:10). Ele age, obedece, vai e, no entanto, há um sentido supremo em que a cidade é edificada pelo Criador. A cidade de Deus é uma dádiva que desce (Apocalipse 21:2), mesmo que essa cidade também aceite nosso labor fiel como prenúncio da sua vinda (Isaías 60). Gutiérrez aborda essa relação trançada entre a fé, a esperança e o amor por meio do poeta e autor francês Charles Péguy:

> Péguy escreveu que a esperança, que aparentava ser conduzida pelas suas duas irmãs mais velhas, a fé e a caridade, na realidade é quem as conduz. Mas isso será verdade apenas se a esperança no futuro buscar raízes no presente, se ela tomar forma nos acontecimentos diários com seus prazeres a serem experimentados, mas também com suas injustiças a serem eliminadas e suas escravidões das quais precisamos ser libertados.[34]

William Gibson, o pai do *cyberpunk*, certa vez gracejou: "O futuro já chegou, ele apenas ainda não está igualmente distribuído".[35] Essa é uma intuição escatológica: com a ressurreição, o futuro do cosmo já chegou. Mas esse futuro não está igualmente distribuído, sendo a razão de a esperança também encontrar expressão no lamento. A esperança cristã rejeita tanto o otimismo de Poliana como o niilismo desesperado.[36] "Os otimistas", segundo Terry Eagleton, "são tão desprovidos de esperança quanto os niilistas, porque não precisam dela".[37] O senso de *necessidade* é o que diferencia a esperança da autoconfiança ou da arrogância do mero progresso.

O hinário da esperança é organizado em torno de dois refrões repetidos: "Até quando, SENHOR?" e *Maranatha!*. "Até quando, SENHOR?", essa é a pergunta de protesto apresentada a Deus precisamente pelo fato de termos testemunhado a irrupção do reino. E então qual a necessidade, Senhor, de atrasar sua distribuição? Toda a persistência de fome e violência, racismo e exclusão, ganância e plutocracia, vício e abandono é uma afronta à criação restaurada que já vimos no Jesus ressurreto. "Até quando, SENHOR?", essa é a pergunta de um povo esperançoso precisamente por estarmos esperando o mundo prometido no evento de Cristo. A igreja demonstra uma impaciência correta nessa longa peregrinação. "Até quando, SENHOR?" é o "Já chegamos?" de um povo ansioso.

Maranata! ("Vem, Senhor!") é um clamor que é parte súplica e parte imperativo. Às vezes, é um clamor por resgate: Vem, Senhor, e interrompe essas injustiças duradouras. Vem, Senhor, e nos livra dos cúmplices de Mamom oprimindo os pobres. Vem, Senhor, e resgata aqueles que estão se afogando no mar. Em outras situações, *Maranata!* é um clamor desejoso por mais do bem de que já desfrutamos: Vem, Senhor, e torna este prazer e alegria passageiros algo permanente e estável. Vem, Senhor, e nos une para sempre da mesma maneira que neste momento. Vem, Senhor, faz tua reconciliação se espalhar pelo cosmo da mesma maneira que acabamos de experimentar nesta comunidade. Mais, por favor! Sempre! Para sempre!

O segredo, o feito, a postura graciosa que somos chamados a cultivar *no caminho* é o empenho fiel no presente, enraizado no discernimento, sempre olhando para aquela cidade vindoura. Ainda recordo a aula de autoescola décadas atrás: "Mire longe", dizia o instrutor. Enquanto está dirigindo, não olhe para o que está imediatamente à sua frente. Se você se fixa no imediato, sempre dirigirá de forma reativa, e motoristas reativos são motoristas perigosos. Embora eles possam nos passar a impressão de estar sempre preparados, na realidade são menos capazes de absorver o que está vindo. Não seja como eles, "mire longe": estenda seu olhar pela estrada e confie em sua visão periférica. Permita-se ser guiado para frente por essa visão mais longa e você será um motorista melhor. Essa visão mais longa, do tipo "mirando longe", é a postura de humildade expectante que Reinhold Niebuhr descreve extremamente bem:

> Nada que vale a pena ser feito pode ser realizado durante nossa vida; portanto, precisamos ser salvos pela esperança. Nada que é verdadeiro ou belo ou bom faz sentido pleno em qualquer contexto imediato da

história; portanto, precisamos ser salvos pela fé. Nada que fazemos, por mais virtuoso que seja, pode ser realizado sozinho; portanto, somos salvos pelo amor. Nenhum ato virtuoso é exatamente tão virtuoso da perspectiva do nosso amigo ou inimigo quanto da nossa própria perspectiva. Portanto, precisamos ser salvos pela forma final de amor que é o perdão.[38]

• • •

Embora uma esperança escatológica se caracterize por um tipo de santa impaciência, também deve haver uma medida de calma em um povo escatológico. Nossa vida ocupada e frenética é muito frequentemente a expressão prática de um desespero inconsciente, pois é a rejeição da esperança. É rejeição da esperança porque é, funcionalmente, rejeição da confiança e da dependência. Quando estou freneticamente ocupado, sutilmente (ou nem tanto) estou pressupondo que tudo depende de mim, como se eu fosse aquele que está sustentando o cosmo, como se a chegada do reino dependesse de mim. Há uma urgência que procede do desejo de ver a realização do reino de Deus; mas há outro tipo de urgência que fabricamos para nos sentirmos necessários. "Eles não estão todos aguardando você", diz Ellis ao xerife em *Onde os fracos não têm vez*. "Isso é vaidade."

Eu me vi profundamente culpado durante a leitura do retrato comovente apresentado por Winn Collier em sua biografia de Eugene Peterson, *Fogo em meus ossos*. Collier lembra um momento crucial na vida de Peterson, à beira do esgotamento e do desespero, no qual ele percebeu que estava vivendo como se tudo dependesse dele — como se todos o estivessem aguardando. Ele expressou o desejo de viver "sem pressa" e, após começar a desabafar, as palavras simplesmente foram saindo ao admitir para o conselho da igreja:

Quero ser um pastor que ora. Quero ser responsivo e reflexivo na presença de Deus, para poder ser responsivo e reflexivo na presença de vocês. Não posso fazer isso na correria. Preciso de algum afastamento e de alguma perspectiva. Não posso fazer isso simplesmente me esforçando mais. Quero ser um pastor que tem tempo para estar com vocês em conversas calmas e sem pressa, para poder entender e ser um companheiro de vocês.[39]

O restante da história é sobre o trabalho longo e árduo de se tornar esse tipo de pessoa sem pressa. Para mim, isso foi como um tapa na cara e, ao mesmo tempo, também como um retrato em um vitral de uma forma de ser pela qual anseio. Viver sem pressa é uma disciplina tangível de esperança.

Um dos escândalos de uma orientação escatológica é o fato de deixar espaço para o descanso apesar de tudo o que precisa ser feito. O sábado é sua própria expressão de esperança. Embora o sábado obviamente ecoe a criação, adotar a prática do sábado e a disciplina do lazer expressa uma orientação escatológica, um senso de confiança e esperança quanto ao fato de Deus estar sempre e constantemente agindo em nosso labor, em volta dele, embaixo dele e às vezes até mesmo apesar do nosso próprio empenho. E, desse modo, podemos descansar.

Um dos meus professores, Calvin Seerveld, fala do descanso não apenas da perspectiva de férias, recolhimento e interrupções periódicas do nosso impulso de produtividade, mas, sim, de um lazer que está embutido em nosso trabalho, um *modo* de viver e trabalhar e ser que deixa espaço para respirarmos. Em sua prosa vívida, Seerveld observa que "nossa cultura pragmatista e nossa mentalidade de agente 666 empurra o lazer para fora da vida ordinária". Em contraste, ele diz:

> Uma concepção bíblica do lazer para mim é aquela em que o tempo amplo se torna um coeficiente da atividade de trabalho cotidiano de uma pessoa. Na história dos evangelhos que leio, os discípulos, por meio da pressão de seu trabalho do reino, não tinham tempo suficiente para se sentar para uma refeição; 'Vamos fazer uma pausa', disse Jesus. Quando você tem tempo suficiente no que está humanamente fazendo,

você tem lazer. Quando há tempo para se mover de forma não planejada, você experimenta lazer. Ao ser possível participar de uma oportunidade inesperada que surge, você é abençoado com lazer.[40]

O lazer é uma disciplina escatológica de acalmar a arrogância e de descansar no Deus que ressuscitou Jesus como as primícias do que virá. "Ter tempo suficiente" é um ato de esperança. Embutir reservas em uma vida para poder responder a oportunidades de meditar, entreter-se, orar é seu próprio ato desafiador de confiança e expectativa.

• • •

Cantamos *Maranata!*, mas não somos um povo em pânico. Como a autora Marilynne Robinson disse certa vez: "O medo não é um hábito mental cristão".[41] Isso não significa desculpar a apatia, mas encorajar a esperança, uma forma de nos empenharmos para um futuro que chega como uma dádiva. Isso está enraizado em uma confiança profunda em Deus, que é doador do início ao fim, um Criador cuja criação é a primeira graça. Não entrar em pânico é viver na convicção de que a primeira e a última palavra de Deus é amor, não importa em que momento nos encontramos.

EPÍLOGO

História no céu

A eternidade está apaixonada pelas produções do tempo.
— WILLIAM BLAKE, *Provérbios do inferno*

Certo semestre, enquanto eu estava lecionando em Washington, DC, visitamos a Igreja do Advento, na qual meu amigo Tommy Hinson é pároco. Naquele domingo, a oração pós-ceia do Senhor foi uma que eu nunca ouvira antes e, de algumas formas, penso que este livro foi concebido no momento daquela oração. Ela é assim:

Ó Deus de nossos ancestrais, Deus do nosso povo, diante de cuja face as gerações humanas desaparecem: Agradecemos-te porque em ti seremos guardados para sempre e porque os fragmentos estilhaçados da nossa história são reunidos no ato redentor do teu querido Filho, recordado neste sacramento sagrado do pão e do vinho. Ajuda-nos a andar diariamente na comunhão dos santos, declarando nossa fé no perdão dos pecados e na ressurreição do corpo. Agora envia-nos no poder do teu Espírito Santo para vivermos e trabalharmos para teu louvor e tua glória. Amém.

Mais tarde, Tommy me disse que a oração procede de uma liturgia desenvolvida pela Igreja Anglicana de uma Província do Quênia, criada no final da década de 1980, como a antiga expressão de uma fé que também dialogava com as necessidades, dores e esperanças da África Oriental.

Foi este trecho que me paralisou, como uma espécie de oração que eu nunca havia encontrado em outras correntes europeias: "Os fragmentos estilhaçados da nossa história são reunidos no ato redentor do teu querido Filho".

Lembro que, no início da minha peregrinação cristã, um amigo de Chicago me remeteu a uma passagem no profeta menor Joel que talvez seja familiar para muitos: "Vou compensá-los pelos anos de colheita que os gafanhotos destruíram", o Senhor promete (Joel 2:25). Ainda recordo isso como um dos meus primeiros encontros com uma convicção que inspira este livro: que o Senhor dos campos de estrelas e o Criador do cosmo estava sintonizado com a especificidade e a particularidade das histórias que suportamos no tempo, dirigindo-se às maneiras estranhas e enigmáticas de carregarmos ausência e perda em nossos corações e ossos, à maneira que uma profunda *falta* é capaz de exercer um poder tão enorme em nossa vida. Desde minhas primeiras leituras dos Evangelhos, passei a entender que Deus sabia o número de fios de cabelo na minha cabeça. Mas de alguma forma foi uma revelação comovente o fato de Deus também saber o que eu havia vivenciado — que o Deus eterno entendia o que eu havia perdido, o que estava faltando, o que os gafanhotos haviam destruído e do que haviam me destituído. Na palavra profética de Joel, eu ouvi uma promessa de restauração sintonizada com minha história — a promessa de um Deus abundante não apenas compensando a falta, mas também fazendo o cálice transbordar gratuitamente.

Preciso testificar que essa de fato foi a medida da graça de Deus para mim. Se caminhei pela vida mancando por causa da ausência de um pai, com não mais do que memórias de apatia e terror em seu lugar, Deus restaurou o que os gafanhotos destruíram ao me conceder a oportunidade profunda, atemorizante e miraculosa de *ser* pai. Pela graça de Deus, Deanna e eu passamos trinta anos dedicados à manobra de dobrar o tempo chamado família, tentando interromper a maldição de gerações.

Epílogo

Agraciados com amigos que nos cercam e com mentores que temos como modelos, Deus nos chamou para fazer algo novo que é nossa família, com nossos quatro filhos extraordinários e perdoadores em quem o cálice da alegria e do amor transborda para nós. Meu passado foi restaurado em um futuro que eu nunca poderia ter imaginado, personificado nos filhos que me tornaram pai: Grayson, Coleson, Madison e Jackson. Não é que os gafanhotos não tenham me privado de algo; só que agora comemos abundantemente (Joel 2:26).

Mas ainda há algo singular ocorrendo nessa oração do Quênia. Esse "ajuntamento" da *nossa* história é uma bela expressão de contagem espiritual do tempo que, com muita frequência, está ausente de cristianismos individualistas de "tempo nenhum" do Ocidente na era do capitalismo atual. A redenção aqui não elimina um passado; o que acontece é que a redenção de Cristo reúne os fragmentos estilhaçados e *faz* algo com eles. O Deus que salva é um artista mosaico que utiliza os fragmentos estilhaçados da nossa história e cria uma coisa nova; ele cria uma obra de arte na qual essa história é reestruturada, reconfigurada, absorvida e reutilizada de tal forma que esse mosaico somente poderia ser o que é *com* essa história. A consumação do tempo não é o apagamento da história. O fim de todas as coisas é uma "absorção", e não uma destruição. "O tempo foi feito não para a morte, mas para a eternidade."[1]

• • •

Se a redenção de Deus ajunta os fragmentos estilhaçados de nossas histórias no mosaico de uma nova vida, parece fazer sentido que essas histórias também vão conosco para o céu. Chegaremos ao reino de Deus levando nossas histórias. De fato, se a ressurreição de Cristo são as primícias, chegaremos ao banquete das bodas do Cordeiro com nossas cicatrizes. Não é difícil imaginar alguém nesse banquete de alegria se dirigindo a nós com a seguinte pergunta: "Conte-me sobre essa cicatriz" e, de alguma forma, de modos inimagináveis para mim agora, eu serei capaz de revisitar minha história sem dor ou trauma, não porque o

189

cartão de memória da minha mente foi apagado, mas porque serei capaz de ver somente o mosaico singular que é o *eu* redimido e resgatado, a tapeçaria que *nos* constitui.

Não me peça o capítulo e o versículo sobre isso; não estou muito preocupado com os pormenores dogmáticos. Simplesmente invocarei o *belo* anseio expresso por meu amigo antigo, Santo Agostinho. Em suas *Confissões*, Agostinho recorda um dos seus amigos mais queridos e antigos, Nebridius, que já morreu, mas agora vive, como ele diz, "no seio de Abraão" (Lucas 16.22). O Agostinho normalmente seguro não tem certeza exata do que isso significa, mas não importa o que simbolize, ele diz, "é nesse lugar que meu Nebridius vive, um querido amigo para mim, mas, ó Senhor, teu antigo liberto e agora filho adotivo". Seu querido amigo, que costumava bombardear Agostinho com todos os tipos de pergunta sobre Deus, com quem ele desfrutou anos de discussões animadas, os tipos de *tête-à-tête* que são experimentados como puro deleite. Mas seu amigo agora não está mais aqui. Ele não está mais fazendo perguntas; em vez disso, Agostinho imagina como ele "está bebendo o máximo possível de sabedoria, deleitando-se interminavelmente". E, no entanto, Agostinho reflete, "não o imagino tão intoxicado por isso a ponto de me esquecer, pois tu, Senhor, de quem ele bebe, estás ciente de nós".[2]

Nebridius está no céu, desfrutando a bem-aventurança da visão beatífica, e Agostinho só é capaz de imaginar que Nebridius leva sua história compartilhada com ele na presença de Deus. Ele leva a marca de suas amizades no reino. Nebridius jamais será alguém que não foi amigo de Agostinho.

A redenção não é uma anulação, uma obliteração ou um apagamento, mas um "ajuntamento" de nossas histórias, uma absorção do que o tempo produziu. Como os navios de Társis (Isaías 60:9), nossas habitualidades e nossa história velejam, entrando em um futuro eterno com um Deus que faz novas todas as coisas. A eternidade leva as marcas do nosso agora.

NOTAS

Prefácio

[1]Charles Taylor, *Hegel* (Cambridge: Cambridge University Press, 1975), p. 73 [edição em português: *Hegel: sistema, método e estrutura* (São Paulo: É Realizações, 2008)].

[2]Rainer Maria Rilke, *Archaic torso of Apollo*, poets.org, disponível em: https://poets.org/poem/archaic-torso-apollo.

Introdução

[1]David Farrier, "We're gonna carry that weight a long time", *Emergence Magazine*, May 12, 2021, disponível em: https://emergencemagazine.org/essay/were-gonna-carry-that-weight-a-long-time.

[2]Band of Brothers é uma minissérie de drama lançada em 2001, baseada em livro não ficcional homônimo. A trama é ambientada em uma guerra americana. (N. E.)

[3]Estou adotando esse termo "tempo nenhum" [*nowhen*] de Jimena Canales, *The physicist and the philosopher: Einstein, Bergson, and the debate that changed our understanding of time* (Princeton: Princeton University Press, 2015), p. 103.

[4]E o que imaginamos como um futuro possível para essas perguntas e desafios também é um fator da história que nos trouxe até aqui. Sobre a questão de raça e racismo, eu recomendaria especialmente o argumento ousado de Jonathan Tran em *Asian Americans and the spirit of racial capitalism* (New York: Oxford University Press, 2021). Tran argumenta que viver na modernidade do capitalismo é ser um herdeiro inevitável de raça e de antirracismo. Mas isso não determina qual será o futuro da identidade racial, e — como Tran argumenta — uma parcela demasiadamente grande do antirracismo trata o surgimento histórico de raça como natural, e não cultural.

[5]Agostinho, *Confessions* 11.25.32, trad. para o inglês Henry Chadwick (Oxford: Oxford University Press, 1992), p. 239 [edição em português: *Confissões* (São Paulo: Paulus, 1997)].

[6]James Baldwin, "The white man's guilt", *Ebony* 20, n. 10 (August 1965): 47-8, reimpr. em *James Baldwin: collected essays* (New York: Library of America, 1998), p. 722-3.

[7]Entrevista de James Baldwin, "How can we get the Black People to cool it?", *Esquire*, July 1, 1978, cit. Eddie S. Glaude Jr., *Begin again: James Baldwin's America and its urgent lessons for our own* (New York: Crown, 2020), p. 68.

[8]Judith Sutera, *St. Benedict's rule: an inclusive translation and daily commentary* (Collegeville: Liturgical Press, 2021), p. 51.

[9]Søren Kierkegaard, *Philosophical fragments / Johannes Climacus*, ed. e trad. para o inglês Howard V. Hong; Edna H. Hong (Princeton: Princeton University Press, 1985), p. 13 [edição em português: *Migalhas filosóficas*, trad. Ernani Reichmann; Álvaro Vall (Petrópolis: Vozes, 2011)].

[10]Kierkegaard, *Philosophical fragments*, p. 18.

[11]O. K. Bouwsma, "Faith, evidence, and proof", in: J. L. Craft; Ronald E. Hustwit, orgs., *Without proof or evidence: essays of O. K. Bouwsma* (Lincoln: University of Nebraska Press, 1984), p. 6.

[12]Bouwsma, "Faith, evidence, and proof", p. 7.

[13]Martin Heidegger, "Phenomenology and theology", trad. para o inglês James G. Hart; John C. Maraldo, in: William McNeill, org., *Pathmarks* (Cambridge: Cambridge University Press, 1998).

[14]Heidegger, "Phenomenology and theology", p. 44-6.

[15]Agostinho, *Confessions* 11.25.32 (trad. para o inglês Chadwick, 239).

[16]Annie Dillard, *For the time being* (New York: Vintage, 2000), p. 88.

[17]O termo procede de 1Samuel 4, em que, após os filisteus capturarem a arca da aliança, a mulher de Fineias dá à luz um filho e, enquanto ela está morrendo, chama-o de "Icabode" ("sem glória"), porque "a glória se foi de Israel" (1Samuel 4:22).

[18]O autor se refere a um conjunto de teses criadas entre o final do século 19 e o início do século 20 por cristãos protestantes britânicos e estadunidenses como reação ao liberalismo teológico e ao modernismo. (N. E.)

[19]Lionel Salter, *Going to a concert* (London: Penguin, 1954), p. 16-7.

PRIMEIRA MEDITAÇÃO

Capítulo 1

[1]Jeremy Cooper, *Ash before oak* (London: Fitzcarraldo Editions, 2019), p. 175.

[2]Agostinho, *Confessions* 11.31.41, trad. para o inglês Henry Chadwick (Oxford: Oxford University Press, 1992), p. 245 [edição em português: *Confissões* (São Paulo: Paulus, 1997)].

[3]Tim O'Brien, *The things they carried* (Boston: Mariner, 2009), p. 7.

[4]Talvez seja proveitoso observar que, como eu mesmo, Dallas Willard, uma voz importante em nos ajudar a entender a formação espiritual, era especialista em

fenomenologia. Para uma análise relevante, veja Gary W. Moon, *Becoming Dallas Willard: the formation of a philosopher, teacher, and Christ follower* (Downers Grove: InterVarsity, 2018), p. 223-4.

[5]Para uma elucidação útil dessas ideias em Husserl, veja Anthony J. Steinbock, *Home and beyond: generative phenomenology after Husserl* (Evanston: Northwestern University Press, 1995), p. 29-33.

[6]Para uma análise desses temas, veja Edmund Husserl, *Cartesian meditations: an introduction to phenomenology*, trad. para o inglês Dorion Cairns (The Hague: Martinus Nijhoff, 1960), p. 66-8 [edição em português: *Meditações cartesianas: uma introdução à fenomenologia* (São Paulo: Edipro, 2019)].

[7]"Por exemplo", diz Husserl, "se, em um ato de juízo, eu decido pela primeira vez em favor de uma existência e de certa forma de existência, o ato transitório passa; mas de agora em diante eu sou permanentemente o Ego que é dessa forma e decidiu assim". Edmund Husserl, *Cartesian meditations: an introduction to phenomenology*, trad. para o inglês Dorion Cairns (Dordrecht: Kluwer Academic, 1993), p. 66.

[8]Veja Helen Ngo, "Racist habits: a phenomenological analysis of racism and the habitual body", *Philosophy and social criticism* 42, n. 9 (November 2016): 847-72.

[9]Steinbock, *Home and beyond*, p. 223.

[10]Isso é minimizado ou ignorado com frequência por causa de pressuposições teológicas implícitas, mas equivocadas, de que, se acreditamos em um Deus soberano e providencial, então nada poderia ser contingente. Mas, na realidade, é precisamente uma teologia da criação *ex nihilo* que torna a contingência fundamental à criação.

[11]T. S. Eliot, "Burnt Norton", o primeiro de seus *Four quartets* (Boston: Mariner, 1971), p. 13-21 [edição em português: *Quatro quartetos*, trad. Ivan Junqueira (Rio de Janeiro: Civilização Brasileira, 1967)]. Compare com a balada com frequência ignorada de Little Texas, *What might have been*.

[12]Martin Heidegger, *Being and time*, trad. para o inglês Joan Stambaugh (Albany: SUNY Press, 1996), p. 127, 167.

[13]Heidegger foi provavelmente influenciado por Kierkegaard nesse aspecto. Considere, por exemplo, esta passagem em *Repetition* que exibe algo dos Talking Heads sobre o assunto, com lampejos de Jó: "Onde estou? O que significa dizer: o mundo? Qual é o significado dessa palavra? Quem me seduziu para cá e agora me deixa parado sozinho aqui? Quem sou eu? Como entrei no mundo? Por que não fui consultado sobre isso, por que não fui informado das regras e regulamentos, mas apenas empurrado para as fileiras, como se tivesse sido comprado de um mascate traficante de seres humanos? Como acabei me envolvendo com esse grande

empreendimento chamado realidade? Por que eu deveria estar envolvido? Isso não é uma questão de escolha? E se sou obrigado a me envolver, onde está o gestor — tenho a algo a dizer sobre isso. Não há um gestor? A quem devo apresentar minha queixa?" Søren Kierkegaard, *Fear and trembling/repetition*, ed. e trad. para o inglês Howard V. Hong; Edna H. Hong. (Princeton: Princeton University Press, 1983), p. 200. Cf. Ivan Karamazov sobre seu "bilhete". Fyodor Dostoevsky, *The brothers Karamazov*, trad. para o inglês Richard Pevear; Larissa Volokhonsky (New York: Farrar, Straus & Giroux, 2002), p. 245 [edição em português: *Os irmãos Karamázov*, trad. Natália Nunes; Oscar Mendes (Rio de Janeiro: Ediouro, 2001)].

[14]Aludo, gentilmente, a Stephen Greenblatt, *The swerve: how the world became modern* (New York: Norton, 2011) [edição em português: *A virada*, trad. Caetano W. Galindo (São Paulo: Companhia das Letras, 2012)].

[15]William Faulkner, *Requiem for a nun* (New York: Vintage, 1994), p. 73 [edição em português: *Requiem por uma freira* (Pontinha: Nova Veja, 2013)].

[16]Também chamada de Grand Central Terminal, Grand Central Station é a maior estação metroviária e rodoviária do mundo. Foi inaugurada em 1913 e está localizada em Nova York. (N.E.)

[17]Katie Holten, "Stone alphabet", *Emergence Magazine* 2 (2021): 20-1, disponível em https://emergencemagazine.org/gallery/stone-alphabet.

[18]Veja livros recentes de Yuval Levin como *The fractured republic*: renewing America's social contract in the age of individualism (New York: Basic Books, 2016) e *A time to build: from family and community to congress and the campus, how recommitting to our institutions can revive the American dream* (New York: Basic Books, 2020).

[19]O feriado de 4 de Julho é o dia em que os americanos comemoram a independência dos Estados Unidos. (N. E.)

[20]Avett Brothers, "We Americans", in: *Closer than together*, Republic/ Universal, 2019. Usado com permissão.

[21]Apsley Cherry-Garrard, *The worst journey in the world: Antarctic, 1910-1913* (Guilford: Lyons, 2004), p. 232 [edição em português: *A pior viagem no mundo*, trad. Rosaura Eichenberg (São Paulo: Companhia das Letras, 2000)].

[22]Assim, outra forma anestesiante de relação com o passado é uma exemplificação diferente da nostalgia. O "primitivismo" propõe que tudo que é bom, verdadeiro e belo só pode ser encontrado "na origem", seja, por exemplo, no primeiro século da igreja ou na fundação da república americana. A longa história entre a origem e nosso presente é narrada como declínio e afastamento, uma longa era de ausência — do Espírito da Verdade ou de alguma outra coisa — que apenas um

reavivamento posterior é capaz de recuperar. Poderia haver um sentido em que o primitivismo é a postura automática do evangelicalismo americano, cujo legado é o avivamentismo. Isso se opõe diretamente à catolicidade.

[23]Citado em Tyler Estep, "Roy Faulkner, the man who carved Stone Mountain, dead at 84", *Atlanta Journal-Constitution*, September 23, 2016, disponível em: https://www.ajc.com/news/local/roy-faulkner-the-man-who-carved-stone-mountain-dead/Eq2sjhj PM1EwDpDYLi4W0L.

[24]A. E. Stallings, "Summer of the statue storm", *Image* 106 (2020): 103-4.

[25]Stallings, "Summer of the statue storm".

[26]Veja Richard H. Thaler; Cass R. Sunstein, *Nudge: improving decisions about health, wealth, and happiness* (New York: Penguin, 2009), p. 139 [edição em português: *Nudge: como tomar melhores decisões sobre saúde, dinheiro e felicidade*, trad. Ângelo Lessa (Rio de Janeiro: Objetiva: 2019)].

[27]Tomás de Aquino, *Summa theologiae*, II-II, Q. 20, trad. para o inglês Padres da Província Dominicana Inglesa (New York: Benziger Bros., 1947), disponível em: https://aquinas101.thomisticinstitute.org/st-index.

[28]Matthew Aucoin, "A dance to the music of death", *New York Review of Books*, May 13, 2021, 8, disponível em: https://www.nybooks.com /articles/2021/05/13 /thomas-ades-dance-to-the -music-of-death.

[29]Observe, por exemplo, a declaração de J. N. Findlay em seu prefácio a uma edição em inglês da *Fenomenologia do Espírito de Hegel*: "O Deus cristão é essencialmente redentor, e a filosofia de Hegel é essencialmente uma filosofia da redenção, de uma autoalienação que volta vitoriosa à sua existência. Se Hegel não foi nada melhor que isso, ele ao menos foi um grande teólogo cristão". Findlay, prefácio a *Phenomenology of Spirit*, de G. W. F. Hegel, trad. para o inglês A. V. Miller (Oxford: Oxford University Press, 1977), p. xxvii [edição em português: *A fenomenologia do Espírito*, trad. Henrique Claudio de Lima Vaz; Antonio Pinto de Carvalho (São Paulo: Nova Cultural, 1989)]. Para uma análise que tanto confirma como complica essa declaração, veja Cyril O'Regan, *The heterodox Hegel* (Albany: SUNY Press, 1994).

[30]Charles Taylor, *Hegel* (Cambridge: Cambridge University Press, 1975), p. 68-9 [edição em português: Hegel (São Paulo: É Realizações, 2008)].

[31]Isso está na conclusão ao prefácio à obra de Hegel *Elements of the philosophy of right*, trad. para o inglês H. B. Nisbet, ed. Allen W. Wood (Cambridge: Cambridge University Press, 1991), p. 23.

[32]Marilynne Robinson, *Gilead* (New York: Farrar, Straus & Giroux, 2004), p. 91 [edição em português: *Gilead* (São Paulo: Vida Nova, 2022)].

[33]Hegel, *Elements of the philosophy of right*, p. 23.

[34]Taylor, *Hegel*, p. 73.

[35]Taylor, *Hegel*, p. 73.

[36]Reinhold Niebuhr, *The irony of American history* (1952), in: Elisabeth Sifton, org., *Reinhold Niebuhr: major works in religion and politics* (New York: Library of America, 2015), p. 523.

[37]Niebuhr, *Irony of American history*, p. 576.

[38]Niebuhr, *Irony of American history*, p. 510.

[39]Niebuhr, *Irony of American history*, p. 576.

[40]Niebuhr, *Irony of American history*, p. 585.

[41]Niebuhr, *Irony of American history*, p. 586. A observação de Niebuhr, em 1952, foi dirigida às pretensões do comunismo, mas a análise aparenta ter uma aplicabilidade mais ampla hoje.

[42]Niebuhr, *Irony of American history*, p. 585.

[43]Niebuhr, *Irony of American history*, p. 585.

[44]Niebuhr, *Irony of American history*, p. 586.

[45]Niebuhr, *Irony of American history*, p. 587.

CAPÍTULO 2

[1]Barry Lopez, *Arctic dreams: imagination and desire in a Northern landscape* (1986; reimpr., New York: Vintage, 2001), p. 20.

[2]Lopez, *Arctic dreams*, p. 29.

[3]Lopez, *Arctic dreams*, p. 29.

[4]Peter Wayne Moe, *Touching this Leviathan* (Corvallis: Oregon State University Press, 2021), p. 120.

[5]Moe, *Touching this Leviathan*, p. 121.

[6]Moe, *Touching this Leviathan*, p. 48.

[7]Moe, *Touching this Leviathan*, p. 106, citando Kathleen Jamie, *Sightlines* (London: Sort of Books, 2012), p. 97.

[8]Veja Thomas Wolfe, *You can't go home again* (New York: Scribner, 1934).

[9]Heidegger, *Being and time*, trad. para o inglês John Macquarrie; Edward Robinson (New York: Harper & Row, 1962), p. 183. Heidegger usa um termo técnico para se referir a seres humanos, não como "sujeitos", mas como *Dasein*, que significa, em uma tradução bem literal, "ser/estar-aí". Os seres humanos são definidos claramente pela natureza localizada, como criaturas finitas que sempre vivem na interseção entre tempo e lugar. Nesse espírito, talvez também possamos nos referir a *Dasein* como *Dannsein*, "ser-então", para indicar nossa natureza localizada no tempo.

[10]Martin Heidegger, *Being and time*, trad. para o inglês Joan Stambaugh (Albany: SUNY Press, 1996), p. 135 [edição em português: *Ser e tempo*, trad. Márcia Sá Cavalcante Schuback (Petrópolis; Bragança Paulista: Vozes, EdUSF, 2015)].

[11]Heidegger, *Being and time*, 135 (trad. para o inglês Stambaugh, ligeiramente modificado). Transpus o termo técnico *Dasein* de Heidegger para a primeira pessoa "eu".

[12]Wendell Berry, "Manifesto: the mad farmer liberation front", in: *The selected poems of Wendell Berry* (Berkeley: Counterpoint, 1998), p. 87-8.

[13]Estou considerando algumas das dinâmicas temporais singulares da vergonha. Para uma análise mais robusta, veja Brené Brown, *I thought it was just me (but it isn't)* (New York: Avery, 2007), particularmente sobre a "resiliência da vergonha" [edição em português: *Eu achava que isso só acontecia comigo*, trad. Livia Almeida (Rio de Janeiro: Sextante, 2019)].

[14]Veja 2Coríntios 12:1-10 e a música de Leonard Cohen Anthem, letra em Robert Faggen, org., *Leonard Cohen: poems and songs* (New York: Knopf, 1993), p. 188.

[15]Cf. Brené Brown, *The gifts of imperfection: let go of who you think you're supposed to be and embrace who you are* (Center City: Hazelden, 2010) [edição em português: *A arte da imperfeição: abandone a pessoa que você acha que deve ser e seja você mesmo* (Rio de Janeiro: Sextante, 2020)].

[16]Nicholas Samaras, "Beloved ghosts of geography", *Image* 108 (2021): 91. Reimpressão com permissão. Para ouvir o poeta, ler seu poema, acesse https://imagejournal.org/article/beloved-ghosts-of-geography.

[17]O que sei sobre Sankofa, aprendi com uma entrevista com o romancista apalache Crystal Wilkinson, "Go back and fetch it: a conversation with Crystal Wilkinson", *Image* 108 (2021): 71, disponível em: https://imagejournal.org/article/go-back-and-fetch-it-a-conversation-with-crystal-wilkinson.

[18]Cf. a versão de "justificação" de retiro em acampamento cristão: "Simplesmente como se eu nunca tivesse pecado".

[19]Talvez seja proveitoso observar que o apóstolo Paulo, que anuncia a nova criação, também é capaz de apelar à sua formação anterior como relevante ao seu ministério (2Coríntios 11:21-30).

[20]Christine Smallwood, *The life of the mind* (New York: Hogarth, 2020), p. 104-5.

[21]Karl Ove Knausgaard, *Winter*, trad. para o inglês Ingvild Burkey (New York: Penguin, 2018), p. 128 [edição em português: *No inverno* (Lisboa: Relógio d'água, 2019)].

²²Para nerds filosóficos, essa noção de Deus "absorvendo" nossas histórias é um aceno ao verbo central de Hegel, *aufheben*, que os tradutores se debateram para traduzir para o inglês desde o século 19. Esse verbo observa um movimento complexo de anulação/preservação/anulação, "absorver" no sentido tanto de "tirar" como de se apropriar. Essa dinâmica completa é exatamente o poder estranho da ação redentora de Deus na história.

²³*Every time I hear that song*, letra e música de Brandi Carlile; Phil Hanseroth; Tim Hanseroth, Copyright 2018 Universal Music Corp. and Southern Oracle Music, LLC, todos os direitos administrados por Universal Music Corp., todos os direitos reservados, usados com permissão, reimpresso com permissão de Hal Leonard LLC.

²⁴Margaret Renkl, *Late migrations: a natural history of love and loss* (Minneapolis: Milkweed Editions, 2019), p. 217.

SEGUNDA MEDITAÇÃO

Capítulo 3

¹Olivier Clément, *Transfiguring time: understanding time in the light of the Orthodox tradition*, trad. para o inglês Jeremy N. Ingpen (Hyde Park: New City, 2019), p. 39.

²Michael Scholz-Hansel, *El Greco: Domenikos Theotokopoulos* (Los Angeles: Taschen, 2011), p. 51.

³Gaspar de Crayer, *Virgin with child and saints Maria Magdalen, Cecilia, Dorothea, Catherina, and Augustine*, 1638, Kunsthistorisches Museum Wien, Vienna, Austria, disponível em: https://www.khm.at/objektdb/detail /555.

⁴Clement, *Transfiguring time*, p. 46, 48-9.

⁵Søren Kierkegaard, *Philosophical fragments/Johannes Climacus*, ed. e trad. para o inglês Howard V. Hong; Edna H. Hong (Princeton: Princeton University Press, 1985), p. 61 [edição em português: *Migalhas filosóficas*, trad. Ernani Reichmann; Álvaro Vall [Petrópolis: Vozes, 2011)].

⁶Markus Bockmuehl, "Introduction: watching Luke paint the Virgin" e "The wisdom of the implied exegete", in: *Seeing the Word: refocusing New Testament study* (Grand Rapids: Baker Academic, 2006), p. 13-25, 75-99.

⁷Kierkegaard, *Philosophical fragments*, p. 59.

⁸Kierkegaard, *Philosophical fragments*, p. 59-60.

⁹Kierkegaard, *Philosophical fragments*, p. 60.

¹⁰Kierkegaard, *Philosophical fragments*, p. 63.

¹¹Kierkegaard, *Philosophical fragments*, p. 64,65.

[12]Kierkegaard, *Philosophical fragments*, p. 67.

[13]Kierkegaard, *Philosophical fragments*, p. 69.

[14]Kierkegaard, *Philosophical fragments*, p. 106.

[15]Christine Smallwood, *The life of the mind* (New York: Hogarth, 2021), p. 13, 104.

[16]Smallwood, *The life of the mind*, p. 15.

[17]Smallwood, *The life of the mind*, p. 226.

[18]Daniel Weidner, "Prophetic criticism and the rhetoric of temporality: Paul Tillich's Kairos texts and Weimar intellectual politics", *Political theology* 21, n. 1–2 (2020): 72.

[19]Cf. Tomaš Halik, *I want you to be: on the God of love*, trad. para o inglês Gerald Turner (Notre Dame University of Notre Dame Press, 2016) [edição em português: *Quero que sejas: podemos acreditar no Deus do amor?* (Petrópolis: Vozes, 2008)]. Meus agradecimentos vão para Steven Purcell, por me presentear com esse livro.

[20]Søren Kierkegaard, Repetition, in: *Fear and trembling/repetition*, ed. Howard V. Hong; Edna H. Hong (Princeton: Princeton University Press, 1983), p. 148-9. Antes Kierkegaard tenta atingir a natureza paradoxal do que ele está sugerindo com um contraste entre "recordação" e "repetição": "Repetição e recordação são o mesmo movimento, mas em direções opostas, pois o que é recordado já ocorreu, é repetido para trás, enquanto a repetição genuína é recordada para frente" (p. 131).

[21]Cf. Gustavo Gutierrez sobre a encarnação como o "cumprimento" da criação in *A theology of liberation: history, politics, salvation*, rev. ed., trad. para o inglês Caridad Inda; John Eagleson (Maryknoll: Orbis, 1988), p. 86-109.

[22]Robert Alter, *The Five Books of Moses: a translation and commentary* (New York: Norton, 2004), p. 872. Sou grato a Vito Aiuto, por me apontar essa percepção.

[23]Considere a dedicação extraordinária de Charles Williams em *Descent of the dove*, seu livro sobre a história da igreja: "To the companions of the co-inherence". Williams, *The descent of the dove: a short history of the Holy Spirit in the Church* (New York: Longmans, Green, 1939) [edição em português: *A descida da pomba* (São Paulo: Vida Cristã, 2019)].

[24]Citado em Daniel Rosenberg, "Time", in: *Curiosity and method: ten years of Cabinet Magazine* (New York: Cabinet Books, 2012), p. 399-9. O ensaio de Rosenberg é acompanhado por uma visualização fantástica, uma linha do tempo das linhas do tempo (p. 400-5).

[25]Rosenberg, "Time", p. 399.

[26]Henri Bergson, *Matter and memory*, trad. para o inglês N. M. Paul; W. S. Palmer (New York: Zone Books, 1988), p. 207 [edição em português: *Matéria e memória*, trad. Paulo Neves (São Paulo: Martins Fontes, 2010)].

²⁷Sobre a noção de Bergson do tempo "derretendo" na duração, veja Henri Bergson, *Creative evolution* (Mineola: Dover, 1998), p. 9-10. Para uma análise intrigante de Bergson, veja o ensaio de Thomas Martin "On time", incluído no catálogo de obras da exibição do aniversário do Metropolitan Museum of Art em 2020 *About time: fashion and duration*, organizado por Andrew Boulton (New Haven: Yale University Press, 2020), p. xx-xxi.

²⁸Meu resumo histórico nesse parágrafo segue Allen W. Palmer, "Negotiation and resistance in global networks: the 1884 International Meridian Conference", *Mass Communication and Society* 5, no. 1 (2002): 7-24.

²⁹Palmer, "Negotiation and resistance in global networks", p. 13.

³⁰Lewis Mumford, *Technics and civilization* (1934; reimpr., New York: Harcourt, Brace, 1963), p. 14 [em português: *Técnica e civilização* (Lisboa: Antígona, 2018)].

³¹Clair Wills, "Stepping out", *New York Review of Books*, August 20, 2020, 4–5, disponível em: https://www.nybooks.com/articles/2020/08/20/stepping-out. Todas as citações aqui e a seguir foram extraídas desse artigo.

Capítulo 4

¹Margaret Renkl, "Our days have always been running out", *New York Times*, September 20, 2020, disponível em: https://www.nytimes.com/2020/09/20/opinion/our-days-have-always-been-running-out.html.

²Charles Baudelaire, "The painter of modern life", in: *The painter of modern life, and other essays*, trad. para o inglês Jonathan Mayne (New York: Phaidon, 1964), p. 13. Baudelaire prossegue dizendo que o "efêmero, o fugaz, o contingente" é apenas metade da história do modernismo; a "outra metade", segundo ele, "é o eterno e o imutável" (p. 13).

³Esse, aliás, é o argumento do meu primeiro livro, *The fall of interpretation: philosophical foundations for a creational hermeneutic* (Downers Grove: InterVarsity, 2000) [edição em português: *A queda da interpretação: fundamentos filosóficos para uma hermenêutica criacional* (Rio de Janeiro: Thomas Nelson Brasil, 2021)].

⁴Sally Mann, *Hold still* (New York: Little, Brown, 2015), p. 300-2.

⁵Ouça a música de Jason Isbell *If we were vampires* em *The Nashville sound*, Southeastern Records/Thirty Tigers, 2017.

⁶Søren Kierkegaard, *Fear and trembling/Repetition*, trad. para o inglês Howard V. Hong; Edna H. Hong (Princeton: Princeton University Press, 1983), p. 41.

⁷Isso talvez seja estranho e controverso, mas consideremos um exemplo visceral: o Jesus ressurreto fica com fome e come (Lucas 24:43; João 21:12-15). Além disso, a esperança da humanidade é participar do banquete de casamento

do Cordeiro (Apocalipse 19:9). Não há digestão sem mudança, e não há mudança sem tempo.

[8]Agostinho, *Confessions* 11.20.26, trad. para o inglês Henry Chadwick (Oxford: Oxford Classics, 1992), p. 235 [edição em português: *Confissões* (São Paulo: Paulus, 1997)]).

[9]Augustinho, *Confessions* 11.28.38 (trad. para o inglês Chadwick, p. 243).

[10]Agostinho, *Confessions* 11.31.41 (trad. para o inglês Chadwick, 245). Reconhecidamente, Agostinho, em última instância, vê esse esticamento como lamentável, um sinal do nosso estado caído e algo do qual devemos esperar escapar. Acho que ele é mais platônico do que agostiniano nessa sugestão. Para minha crítica de Agostinho nessa questão, veja James K. A. Smith, *The fall of interpretation: philosophical foundations for a creational hermeneutic*, 2. ed. (Grand Rapids: Baker Academic, 2012), p. 154-6.

[11]Cf. a análise de Jeremy Begbie do *Quartet for the end of time*, de Olivier Messiaen, in: *Resounding truth: Christian wisdom in the world of music* (Grand Rapids: Baker Academic, 2007), p. 163-76. Veja também suas análises seminais em *Begbie, Theology, music and time, Cambridge Studies in Christian Doctrine* 4 (Cambridge: Cambridge University Press, 2000).

[12]Peter J. Leithart, *Solomon among the postmoderns* (Grand Rapids: Brazos, 2008), p. 66-8 [edição em português: *Salomão entre os pós-modernos* (Brasília: Monergismo, 2021)].

[13]Robert Hudson, *The poet and the fly: art, nature, God, mortality, and other elusive mysteries* (Minneapolis: Broadleaf, 2020), 37. Ele cita a introdução de Sam Hamil a Kobayashi Issa, *The spring of my life and selected haiku*, trad. para o inglês Sam Hamill (Boston: Shambhala, 1997), p. xii.

[14]Yoshida Kenkō, *Essays in idleness: the Tsurezuregusa of Kenkō*, trad. para o inglês e ed. Donald Keene (New York: Columbia University Press, 1967), p. 7.

[15]The Nun Abutsu, "The first order of things: feelings", trad. para o inglês Hiroaki Sato, in: Richard Jones, org., *The bliss of reading: 40 years of poetry East* (Chicago: Poetry East, 2020), p. 128.

[16]Elizabeth Bishop, "One art", in: *Poems* (New York: Farrar, Straus & Giroux, 2011), p. 198. Copyright 2011 de The Alice H. Methfessel Trust. Nota da editora e compilação: copyright 2011 de Farrar, Straus and Giroux. Reimpressão com permissão de Farrar, Straus e Giroux. Todos os direitos reservados.

[17]Cf. George Bradley, "Penicillin and the anthropocene Apocalypse", *Paris Review* 237 (Summer 2021), disponível em: https://www.theparisreview.org/poetry/7811/penicillin-and-the-anthropocene-apocalypse-george-bradley.

[18]Augustine, *Confessions* 4.9.14 (trad. para o inglês Chadwick, 61), citando Tobit 13:18.

[19]John Terpstra, *Skin boat: acts of faith and other navigations* (Kentville, Nova Scotia: Gaspereau, 2009), p. 106.

[20]Terpstra, *Skin boat*, p. 19.

[21]Agostinho, *The true religion* 35.65, in: *Augustine: earlier writings*, trad. para o inglês e ed. John H. S. Burleigh (Philadelphia: Westminster, 1953), p. 258 [edição em português: *A verdadeira religião*, trad. Nair de Assis Oliveira (São Paulo: Paulinas, 1987)].

TERCEIRA MEDITAÇÃO

CAPÍTULO 5

[1]Em contraposição a *fast food* [comida rápida]. [N.E.]

[2]Sobre uma "visão de tempo nenhum", veja Jimena Canales, *The physicist and the philosopher: Einstein, Bergson, and the debate that changed our understanding of time* (Princeton: Princeton University Press, 2015), p. 102-3.

[3]Alice Waters, *We are what we eat: a slow food manifesto* (New York: Penguin, 2021), p. 124-5.

[4]Waters, *We are what we eat*, p. 125.

[5] Waters, *We are what we eat*, p. 125.

[6]Waters, *We are what we eat*, p. 122.

[7]Waters, *We are what we eat*, p. 120.

[8]Waters, *We are what we eat*, p. 125.

[9]Referência ao filme *Matrix* , àqueles que têm ouvidos para ouvir.

[10]Papa Francisco, Gaudete *et exsultate* §166, Vaticano, 19 de março, 2018, disponível em: https://www.vatican.va/content/francesco/en/apostexhortations/documents/papa-francesco esortazione-ap20180319gaudete-et-exsultate.html.

[11]Papa Francisco, Gaudete et exsultate §170.

[12]Papa Francisco, Gaudete et exsultate §169.

[13]E. M. Forster, cit. Spencer Reece, *All the beauty still left: a poet's painted Book of Hours* (Brooklyn: Turtle Point, 2021), s.p.

[14]Eu preciso dizer: todo o discernimento em última instância é discernimento comunal, pois até mesmo minha vida "pessoal" está entrelaçada com a de outras pessoas. Não sou uma ilha.

[15]Com grande repercussão neste artigo amplamente lido: Adam Grant, "There's a name for the Blah you're feeling: it's called languishing", *New York Times*, April 19, 2021, disponível em: https://www.nytimes.com/2021/04/19/well/mind/covid-mental-health-languishing.html.

Notas

[16] Apsley Cherry-Garrard, *The worst journey in the world*: Antarctic, 1910–1913 (Guilford: Lyons, 2004), p. 115-6 [edição em português: *A pior viagem do mundo: a última expedição de Scott à Antártica*, trad. Rosaura Eichenberg (São Paulo: Companhia das Letras, 2000)].

[17] O fato de esse assassinato, e não inúmeros outros, finalmente se haver tornado um catalisador é ele mesmo uma constelação misteriosa de momento histórico.

[18] Poderíamos falar sobre a razão de essa sabedoria ser recebida melhor de amigos mais velhos do que dos próprios pais.

[19] Veja, p. ex., Larry Diamond, "Democracy's deepening recession", Atlantic, May 2, 2014, disponível em: https://www.theatlantic.com/international/archive/2014/05/the-deepening-recession-of-democracy/361591.

[20] Papa Francisco, observações apresentadas na abertura do Sínodo dos Bispos sobre o tema Jovens, a Fé e Discernimento Vocacional, Vaticano, October 3, 2018, disponível em: https://www.vatican.va/content/francesco/en/speeches/2018/october/documents/papa-francesco20181003apertura-sinodo.html.

[21] João XXIII, discurso na abertura solene do Conselho Vaticano Segundo, 11 de outubro de 1962, citado pelo Papa Franciso, observações apresentadas na abertura do Sínodo dos Bispos sobre o tema Jovens, a Fé e Discernimento Vocacional Vaticano, 3 de outubro, 2018, disponível em: https://www.vatican.va/content/francesco/en/speeches/2018/october/documents/papa-francesco20181003_apertura-sinodo.html.

[22] Michel Foucault, "Nietzsche, genealogy, history", in: *Language, counter-memory, practice: selected essays and interviews*, trad. para o inglês Donald F. Bouchard; Sherry Simon (Ithaca: Cornell University Press, 1977), p. 146

[23] Igor Levit, entrevista de Ari Shapiro, "Igor Levit: tiny desk concert", November 22, 2019, disponível em: https://www.npr.org/transcripts/781276601.

[24] Para análise, veja Richard I. *Sugarman, Levinas and the Torah: a phenomenological approach* (Albany: SUNY Press, 2019).

[25] Para uma análise relevante, veja Esau McCaulley, *Reading while black: African American Biblical interpretation as an exercise in hope* (Downers Grove: InterVarsity, 2020) [edição em português: *Uma leitura negra: uma interpretação bíblica como exercício de esperança* (São Paulo: Mundo Cristão, 2021)].

[26] Veja a obra clássica de Phyllis Trible, *Texts of terror: literary-feminist readings of Biblical narratives* (Philadelphia: Fortress, 1984).

[27] Wilda C. Gafney apresenta uma disciplina espiritual para essa leitura em *A women's lectionary for the whole church: a multi-gospel single-year lectionary* (New York: Church Publishing, 2021). Sou grato a Deanna Smith por me direcionar a esse recurso.

[28]Rita Felski, *Hooked: art and attachment* (Chicago: University of Chicago Press, 2020), p. 54-5, 75.

[29]Felski, *Hooked*, p. 55, em referência a Daniel Cavicchi, *Tramps like us: music and meaning among Springsteen fans* (Oxford: Oxford University Press, 1998).

[30]Felski, *Hooked*, p. 58.

[31]Marcel Proust, *Swann's way*, trad. para o inglês Lydia Davis (New York: Viking, 2002), p. 146.

[32]Proust, *Swann's way*, p. 146-7 [edição em português: *No caminho de Swann*, trad. Fernando Py [Rio de Janeiro: Ediouro, 1992)].

Capítulo 6

[1]David Hume, *Enquiries concerning human understanding and concerning the principles of morals*, 3. ed., ed. P. H. Nidditch (Oxford: Clarendon, 1975), p. 18 [edição em português: *Investigações sobre o entendimento humano e sobre os princípios da moral*, trad. José Oscar de Almeida Marques (São Paulo: UNESP, 2004)].

[2]Hume, *Enquiries concerning human understanding*, p. 18-9.

[3]Para uma visão clássica dessa visão, veja Richard J. Mouw, *When the kings come marching in: Isaiah and the New Jerusalem*, rev. ed. (Grand Rapids: Eerdmans, 2002).

[4]Barry Lopez, *Arctic dreams: imagination and desire in a northern landscape* (1986; reimpr., New York: Vintage, 2001), p. 75.

[5]Lopez, *Arctic dreams*, p. 75.

[6]Agostinho, Carta 189.5, in: *Letters 156-210*, trad. para o inglês Roland Teske, ed. Boniface Ramsey, *The works of Saint Augustine* II/3 (Hyde Park: New City, 2004), p. 261.

[7]2Clemente 6:3, 5,6, in: *The apostolic fathers*, 3. ed., ed. e trad. para o inglês Michael W. Holmes (Grand Rapids: Baker Academic, 2007), p. 145.

[8]Gustavo Gutierrez, *A theology of liberation: history, politics, salvation*, rev. ed., trad. para o inglês Caridad Inda; John Eagleson (Maryknoll: Orbis Books, 1988), p. 124.

[9]Gutierrez, *Theology of liberation*, p. 115.

[10]Para mais sobre isso, veja minha análise de "espiritualidade de refugiado" in: *On the road with Saint Augustine* (Grand Rapids: Brazos, 2019), p. 36-5 [edição em português: *Na estrada com Santo Agostinho* (São Paulo: Thomas Nelson Brasil: 2020)].

[11]Gutierrez, *Theology of liberation*, p. 132-3.

[12]Edmund Husserl, *The phenomenology of internal time-consciousness*, trad. para o inglês James S. Churchill (Bloomington: Indiana University Press, 2019), p. 23

Notas

[edição em português: *Lições para uma fenomenologia da consciência interna do tempo* (Rio de Janeiro: Via Verita, 2017)].

[13]Husserl, *Phenomenology of internal time-consciousness*, p. 95.

[14]Heidegger, *Being and time*, trad. para o inglês John Macquarrie; Edward Robinson (San Francisco: Harper & Row, 1962), p. 329 [edição em português: *Ser e tempo*, trad. Márcia Sá Cavalcante Schuback (Petrópolis; Bragança Paulista: Vozes; EdUSF, 2015).

[15]Heidegger, *Being and time*, p. 373 (ligeiramente modificado na primeira pessoa).

[16]Como Heidegger afirma: "A resolução antecipatória revela a situação presente do 'lá' de tal modo que a existência, ao decidir agir, diz respeito circunspectamente ao que está factualmente disponível no seu meio". Heidegger, *Being and time*, p. 373. Em outras palavras, a expectativa do futuro para o qual sou chamado revela, ilumina e reestrutura minha presente situação. Mas isso somente acontece quando eu ajo em direção ao futuro.

[17]Heidegger, *Being and time*, p. 374.

[18]Martin Heidegger, *The Phenomenology of religious life*, trad. para o inglês Matthias Fritsch e Jennifer Anna Gosetti-Ferencei (Bloomington: Indiana University Press, 2004), p. 71-2 (ligeiramente modificado) [edição em português: *Fenomenologia da vida religiosa*, trad. de Enio Paulo Giachini, Jairo Ferrandin e Renato Kirchne (Petrópolis; Bragança Paulista: Vozes; EdUSF, 2014)].

[19]Heidegger, *Phenomenology of religious life*, p. 72.

[20]Heidegger, *Phenomenology of religious life*, p. 73.

[21]Para uma análise mais aprofundada desses temas, veja James K. A. Smith, *Awaiting the king: reforming public theology* (Grand Rapids: Baker Academic, 2017) [edição em português: *Aguardando o Rei: reformando a teologia pública* (São Paulo: Vida Nova, 2020)].

[22]Agostinho, *The city of God* 10.17, trad. para o inglês Henry Bettenson (New York: Penguin, 1984), p. 397-8 [edição em português: *A cidade de Deus*, trad. Oscar Paes Leme (São Paulo: Editora das Américas, 1964)].

[23]Agostinho, *City of God* 1.28 (trad. para o inglês Bettenson, p. 39).

[24]Agostinho, *City of God* 5, prefácio (trad. para o inglês Bettenson, p. 179).

[25]Agostinho, *City of God* 5.12 (trad. para o inglês Bettenson, p. 196).

[26]Para Agostinho, pode haver justiça genuína apenas onde há culto genuíno. Uma vez que era totalmente impossível que o império pagão, como um posto avançado da cidade terrena, fosse um local de culto genuíno, era igualmente impossível ele abrigar justiça genuína. No entanto, isso não impede Agostinho de deixar de

afirmar as vantagens do império, que, de uma perspectiva relativa, são preferíveis à anarquia. Para análise, veja *City of God* 19.21-25 (trad. Bettenson, 881–91).

[27]Jesse McCarthy, "Language and the black intellectual tradition", in: *Who will pay reparations on my soul?* (New York: Liveright, 2021), p. 151.

[28]McCarthy, "Notes on Trap", in: *Who will pay reparations on my soul?*, p. 131.

[29]Martin Luther King Jr., "I have a dream", speech, August 28, 1963, Washington, DC, "Read Martin Luther King Jr.'s 'I have a dream' speech in its entirety", NPR, atualizado January 14, 2022, disponível em: https://www.npr.org/2010/01/18/122701268/i-have-a-dream-speech-in-its-entirety.

[30]Oliver O'Donovan, *Desire of the nations: rediscovering the roots of political theology* (Cambridge: Cambridge University Press, 1996), p. 151.

[31]Para mais sobre isso, veja James K. A. Smith, "Faithful compromise: the lost art of brokered effectiveness in public life", *Comment* (Spring 2014): 2-4.

[32]O'Donovan, *Desire of the nations*, p. 212.

[33]Para um desenvolvimento mais detalhado desse tema, veja Smith, *Awaiting the king*, p. 91-124.

[34]Gutierrez, *Theology of liberation*, p. 125.

[35]William Gibson, on NPR's Fresh Air, 1993, citado em Natasha Stagg, "Painting the end of the world", *Frieze*, April 20, 2021, disponível em: https://www.frieze.com/article/natasha-stagg-chris-dorland.

[36]Como Terry Eagleton mostra: "Um otimista profissional ou de carteirinha se sente animado em relação a situações específicas porque ele tende a se sentir animado em geral". *Hope without optimism* (Charlottesville: University of Virginia Press, 2015), p. 1. Ele prossegue mostrando acertadamente que, não importa a posição política que professem, "os otimistas são conservadores porque sua fé em um futuro benigno está enraizada na sua fé na solidez essencial do presente" (p. 4).

[37]Eagleton, *Hope without optimism*, p. 4.

[38]Reinhold Niebuhr, *The irony of American history* (1952), in: Elisabeth Sifton, org., *Reinhold Niebuhr: major works in religion and politics* (New York: Library of America, 2015), p. 510.

[39]Citado em Winn Collier, *A burning in my bones: the authorized biography of Eugene H. Peterson* (Colorado Springs: WaterBrook, 2021), p. 149 [edição em português: *Fogo em meus ossos* (São Paulo: Mundo Cristão, 2022)].

[40]Calvin Seerveld, "Ordinary aesthetic life: humor, tastes and 'Taking a break'", in: John H. Kok, org., *Calvin Seerveld, Normative Aesthetics: Sundry writings and occasional lectures* (Sioux Center: Dordt College Press, 2014), p. 121.

[41]Marilynne Robinson, *The givenness of things: essays* (New York: Farrar, Straus & Giroux, 2015), p. 125.

EPÍLOGO

[1]Olivier Clément, *Transfiguring time: understanding time in the light of the orthodox tradition*, trad. para o inglês Jeremy N. Ingpen (Hyde Park: New City, 2019), p. 79.

[2]Agostinho, *Confessions* 9.3.6, trad. para o inglês Henry Chadwick (Oxford: Oxford University Press, 1992), p. 159 [edição em português: *Confissões* (São Paulo: Paulus, 1997)].

Este livro foi impresso em 2023, pela Cruzado,
para a Thomas Nelson Brasil. O papel do miolo é
pólen natural pólen bold 70g/m², e o da capa é cartão 250 g/m².